Das Hohe Venn
Wandern mit offenen Augen

Christoph Wendt

Das Hohe Venn
Wandern mit offenen Augen

Ein Handbuch
für alle Besucher des Hochplateaus

Meyer & Meyer Verlag

Die Deutsche Bibliothek – CIP-Einheitsaufnahme

Wendt, Christoph:
Das Hohe Venn : Wandern mit offenen Augen /
Christoph Wendt.
– 2. Aufl.
– Aachen : Meyer und Meyer, 1996
ISBN 3-89124-245-X

© 1994 by Meyer & Meyer Verlag, Aachen
2. Auflage 1996
Satz: Garamond
Lithos: Qualitho, Essen
Titelfoto: Christoph Wendt, Monschau
Umschlaggestaltung: Walter J. Neumann, N&N Design-Studio, Aachen
Umschlagbelichtung: Reiner Wahlen, frw, Aachen
Druck: Druckerei Queck, Jüchen
Printed in Germany
ISBN 3-89124-245-X

INHALT

INHALT

Herrlich ist's, übers Moor zu gehen

O schaurig ist's, übers Moor zu gehen
wenn es wimmelt vom Heiderauche,
sich wie Phantome die Dünste drehen
und die Ranke häkelt am Strauche,
unter jedem Tritte ein Quellchen springt,
wenn aus der Spalte es zischt und singt,
o schaurig ist's, übers Moor zu gehen.

Halt! Hier irrt die Dichterin. 500 000 Menschen im Jahr in der Hochmoorlandschaft des Hohen Venns würden sicherlich nicht kommen, wenn es hier so schaurig wäre, wie die Dichterin Annette von Droste-Hülshoff es in ihrem berühmten Gedicht „Der Knabe im Moor" geschildert hat. Wenn man den Vennbesuchern am Ende eines Wandertages zuhört, wie sie begeistert von den Eindrücken erzählen, die sie in der Hochmoorlandschaft gewonnen haben, dann wird man die Dichterin korrigieren müssen: nicht schaurig, sondern herrlich ist's, übers Moor zu gehen.

Dieses Buch soll kein Wanderführer sein, in dem verschiedene Wandervorschläge für das Hohe Venn gemacht und im einzelnen beschrieben werden, auch wenn am Ende des Buches einige solcher Wandervorschläge angefügt sind. Das Buch soll vielmehr helfen, die vielen Fragen zu beantworten, die der fremde Besucher des Hohen Venns immer wieder stellt. Das beginnt bei der Frage nach der Entstehung des Hochmoores, nach der Bedeutung des Namens ebenso wie nach dem Sinn der hohen Hecken um die Bauernhäuser, nach der Bedeutung der vielen alten Wegekreuze und Grenzsteine. Es soll Anwort geben auf die Fragen, welche Blumen im Moor zu finden sind, und welche Vögel man sieht und hört, wenn man durch das Hochmoor wandert. Da in den letzten Jahren erhebliche Einschränkungen für das Wandern im Hohen Venn getroffen werden mußten, um die empfindliche Hochmoorlandschaft vor der völligen Zerstörung durch ihre Besucher zu schützen, wird das Buch ganz besonders auf die folgenden Fragen eingehen: Wo kann man heute noch unberührte Vennlandschaft erleben? Wo kann man als Wanderer sich noch frei bewegen? Wo darf man überhaupt nicht mehr hin? oder Wo darf man unter Führung eines offiziell zugelassenen und geprüften Führers das Venn durchwandern?

Das Buch will den Vennbesucher, ganz gleich ob er nun tagelang durch das Moor streifen oder nur einen Spaziergang zu einem besonders schönen Aussichtspunkt machen will, gleichsam an die Hand nehmen und ihn begleiten kreuz und quer über das Hochplateau des Hohen Venns und seine Randgebiete, aber auch durch die oft wildromantischen Täler, die nach allen Seiten vom Hohen Venn herunter kommen.

Das Hohe Venn – Landschaft und Abgrenzung

Keine andere Landschaft im deutsch-belgischen Naturpark ist für Wanderer und Naturfreunde so anziehend wie das Hohe Venn. Der Name dieser Landschaft, Venn, kommt vom lateinischen Wort fania mit der Bedeutung Sumpf, Schmutz, Kot. Aus diesem Wort haben sich in verschiedenen Sprachen Bezeichnungen für Moor entwickelt. Im Deutschen ist es das Wort Venn, im Niederdeutschen spricht man von Fehn und im Niederländischen von Veen, im Französischen heißt es Fagne, im Wallonischen ist das Wort Fange entstanden. Auch das Italienische Wort Fango, was soviel wie Moor bedeutet, hat den gleichen Ursprung. Natürlich könnte man die Landschaft des Hohen Venns sehr genau abgrenzen. Für ein Handbuch wie dieses hier genügt es jedoch zu wissen, daß unter dem Namen Hohes Venn eine Landschaft gemeint ist, als deren Eckpunkte die vier Städte Monschau, Malmédy, Spa und Eupen sowie die Gemeinde Roetgen angesehen werden können. Innerhalb dieses unregelmäßigen Fünfecks gibt es Landschaftsteile, die nicht zum Hohen Venn gehören, außerhalb gibt es solche, die einwandfrei dem Hohen Venn zuzurechnen wären. Das gilt besonders für die Gegenden um den Weißerstein bei Udenbreth und verschiedene Gebiete im Zitterwald und in der Schneifel. Sie sollen hier nicht interessieren.

Rein geologisch ist das Hohe Venn weder ein Teil der Nordeifel noch der Ardennen, wenn auch beides immer wieder gesagt wird. Die Geologen haben für das Gebiet den Begriff „Massiv von Stavelot" geprägt und betrachten dieses Massiv von seiner geologischen Entstehung her als etwas durchaus Eigenständiges.

Seinen höchsten Punkt erreicht das Hohe Venn in der Botrange, die früher auch als Höhe von Bodringen oder Baldringen, ganz früher als Sicco Campo = Trockenes Feld bezeichnet wurde. 694 Meter ragt hier das Hohe Venn in einem trockenen Rücken auf. Das ist zwar keine um-

Die Botrange, höchster Punkt Belgiens

9

werfende Höhe, doch reicht sie aus, das Hohe Venn in die Reihe der Mittelgebirgslandschaften aufzunehmen. Es ist eine Mittelgebirgslandschaft, die sowohl in den Ausläufern der Nordeifel als auch in denen der Ardennen liegt. Daher ist es verständlich, daß sie diesen Mittelgebirgen immer wieder zugerechnet wird.

Die Landschaft innerhalb der genannten fünf Eckpunkte bedeckt eine Fläche von knapp 400 Quadratkilometern. Die allgemeine Vorstellung, diese Fläche sei ein rauhes Hochplateau, das weitgehend von Mooren bedeckt und von kühlem, niederschlagsreichem Klima geprägt sei, ist natürlich nur bedingt richtig. Zunächst einmal enthält die Fläche alle Siedlungsgebiete, alles Nutzland, Wasserläufe und Stauseen. Es bleibt letztlich ein eigentliches Vennland, das 12 041 Hektar groß ist. Aber auch hier wäre man enttäuscht, wollte man sich eine rund 12 000 Hektar große Moorfläche vorstellen. Denn dieses Vennland ist zum Teil seit jeher mit Wald, besonders Laubwald, bedeckt, oder es ist vor allem seit der sogenannten Preußenzeit, also seit 1816, trockengelegt und weitgehend mit Fichten bepflanzt worden. Der größte Teil des eigentlichen Vennlandes, nämlich rund 7000 Hektar, sind heute Fichtenwald, in dem der einstige Moorboden allerdings oft noch sichtbar wird. 965 Hektar sind von Laubwald bedeckt, und nur rund 4000 Hektar der gesamten Fläche werden heute noch von mehr oder weniger freien Mooren bedeckt. Doch auch dieses eigentliche Kernstück des Hohen Venns ist kein zusammenhängendes offenes Moorgelände. Die Moorflächen werden auch hier immer wieder durch Wälder, vor allem Fichtenwälder unterbrochen. Die wichtigsten und durch ihre Weite und Einsamkeit immer noch beeindruckendsten Moorflächen liegen sämtlich auf belgischer Seite. Die größten dieser Vennstücke sind im staatlichen Naturschutzgebiet Hohes Venn zusammengefaßt, das aus einem westlichen und einem östlichen Teil besteht.

Ein Blick auf eine alte Karte, die um 1786 entstandene Karte von Josef de Ferraris zeigt, daß damals die offenen Moorflächen im Venn noch etwa dreimal so groß waren wie heute. Bereits um diese Zeit begann allerdings die erste Welle der Fichtenanpflanzungen durch die damals österreichische Forstverwaltung. Heute verhindert nur die Tatsache, daß die meisten noch existierenden freien Vennflächen unter Naturschutz stehen, daß Jahr für Jahr weitere Stücke durch die Forstwirtschaft angeknabbert werden.

Auch wenn natürlich die freien Moorlandschaften im Hohen Venn die Hauptanziehungspunkte sind, so sind manche Waldgebiete im Hohen Venn auf ihre Weise ebenso interessant, ja aufregend als Wandergebiete wie die freien Vennmoore. So bildet das Waldtal des Spohrbaches, das am Fuße des Herzogenhügels zum Hilltal führt, ebenso regel-

Ein Moortümpel

rechten Urwald, wie ihn der Wanderer erlebt, der zwischen Eupen und Baraque Michel im Hilltal unterwegs ist. Es wird oft gesagt, die Landschaft des Hohen Venns sei mit der des nördlichen Skandinaviens, Lappland also, oder Schottlands zu vergleichen. Wenn man einmal grundsätzlich berücksichtigt, daß das Hohe Venn gegenüber diesen nordischen Landschaften ein Winzling ist, trifft der Vergleich zu.

Hier wie dort wurde die Landschaft von der Eiszeit gestaltet. Diese hinterließ ihre unverkennbaren Spuren, wie etwa bei den Pingos (siehe Kapitel „Pingos"). Sowohl das Hohe Venn wie die genannten nordischen Landschaften liegen ganz im atlantischen Klimabereich. Das führt zu ähnlichen Niederschlagsverhältnissen wie auch zu ähnlichen Erscheinungsbildern in der Pflanzenwelt. Tatsächlich gibt oder gab es zumindest bis in die jüngste Zeit im Hohen Venn Pflanzen, die sonst nur in Schottland oder in Skandinavien zu finden sind.

Gut ausgebaute Straßen führen heute von allen Seiten an das Hohe Venn heran und zum Teil quer hindurch. So können Naturfreunde und Wanderer diese in Mitteleuropa einzigartige Hochmoorlandschaft bequem erreichen. Die Grenze, die lange Zeit zumindest theoretisch ein Hindernis für die Wanderer bedeutete, wird heute in der Landschaft des Hohen Venns nicht mehr wahrgenommen. Was sich störend für den Wandertourismus im Hohen Venn auswirkt, sind die miserablen öffentlichen Verkehrsverbindungen. Darauf ist im Kapitel „Wissenswertes für den Besucher des Hohen Venns" in diesem Buch näher einzugehen.

Die Entstehung der Hochmoorlandschaft des Hohen Venns

Die Moore, die heute noch in der freien Vennlandschaft den eigentlichen, unverwechselbaren Reiz des Hohen Venns ausmachen, sind Hochmoore. Das hat nichts mit der Höhenlage hier im Hohen Venn von durchschnittlich 500 oder 600 Metern oder noch mehr zu tun. Hochmoore kann es in den Alpen ebenso wie in Meereshöhe geben, genauso wie es Flachmoore auch im Gebirge geben kann. Der Name bezieht sich auf Entstehung und Aufbau dieses Moortyps.

Während ein Flachmoor oder Niedermoor in der Regel durch Verlandung einer nährstoffreichen Wasserfläche entsteht, wobei die Vegetation – ganz grob gesagt – von den Seiten her die Wasserfläche einengt und sie völlig verschwinden läßt, entsteht ein Hoormoor sozusagen von unten her, wächst allmählich in die Höhe. Dabei ist die prägende Pflanze für die Entstehung des Hochmoors das Torfmoos (Sphagnum) mit seinen verschiedenen Arten. Diese Pflanze hat das Bestreben, immer weiter in die Höhe zu wachsen, alles andere unter sich zu begraben, zu ersticken und zu Torf werden zu lassen. Bei vielen ausgeprägten Moortümpeln, die eine starke Torfmoosbildung haben, kann man dabei den sogenannten Uhrdeckeleffekt beobachten. Das bedeutet, in der Mitte des Tümpels steht das Torfmoos am höchsten, an den Rändern ist es niedriger. Es sieht also so aus, als hätte man einen gewölbten, in der Mitte am höchsten ausgeprägten Uhrglasdeckel über den Tümpel gestülpt.

Damit jedoch das Hochmoor entstehen konnte, mußten verschiedene Faktoren zusammentreffen. Der erste ist der Untergrund. Das Hohe Venn oder das „Massiv von Stavelot", wie die Geologen sagen, gehört geologisch jener Einheit an, die das rheinische Schiefergebirge, also Eifel und Ardennen aufbaut. Im Laufe der erdgeschichtlichen Entwicklung wurde das Massiv als ein von Südwesten nach Nordosten ziehender Sattel hochgepreßt, der alle jüngeren geologischen Formationen überragte. Sein Untergrund besteht aus den fast völlig kalkfreien Schichten der ältesten Formationen des Erdaltertums. Aus dieser Zeit des sogenannten Cambriums stammen schwarze, blättrige, verhältnismäßig weiche Schiefer, die sogenannten Phyllite, und schwarz-blaue, von weißen Gangadern durchzogene, sehr harte Quarzite. Diese Schichten sind etwa 500 Millionen Jahre alt.

Cambrische Schiefer und Quarzite sind für den Aufbau und das Landschaftsbild des Hohen Venns bis heute die wichtigsten geologischen „Fundamente". Natürlich sind an einzelnen Stellen auch andere erdgeschichtliche Perioden und Formationen an der Bildung der Landschaft beteiligt gewesen, das Silur, das Devon, der Buntsandstein. Gerade aus dem Devon und dem Buntsandstein zeigen sich im Hohen Venn und am Vennrand markante Aufschlüsse, die sozusagen Geologie für jedermann bieten. Auf sie soll im Kapitel „Natur zum Anfassen" kurz eingegangen werden.

Die weichen cambrischen Schiefer haben die Eigenschaft, rasch zu verwittern. Dabei muß man sich bewußt sein, daß angesichts eines Alters von 500 Millionen Jahren sich „rasch" auch über Tausende von Jahren hinziehen kann. Als Verwitterungsprodukt entstand ein weitgehend wasserundurchlässiger Tonboden, eine der wichtigsten Grundla-

Quarzitfelsen

gen für die Entstehung der Hochmoorlandschaft. Die harten Quarzite haben sich demgegenüber durch die Jahrmillionen gut gehalten und ragen an vielen Stellen als oft markante „Vennwacken", wie man sie mundartlich nennt, aus dem Moorboden heraus. Das bekannteste Beispiel dafür ist „Kaiser Karls Bettstatt" bei Mützenich.

Der zweite wichtige Faktor für die Entstehung der Hochmoore ist das Relief der Landschaft. In Steilhängen kann normalerweise kein Hochmoor entstehen. Das Massiv von Stavelot ist eine sogenannte Fastebene ein Plateau, eine Hochebene, die fast eben ist, also keine größeren Neigungen aufweist, über die Niederschlagswasser, das herunterkommt, abfließen könnte.

Damit wäre man bei der dritten Voraussetzung, den Niederschlägen. Ein Hochmoor kann nur dort entstehen, wo durch Niederschläge ständig mehr Wasser herunterkommt als andererseits abfließen kann. Das heißt, nur in einem niederschlagsreichen Klima mit hoher Luftfeuchtigkeit konnte sich das Hochmoorgebiet entwickeln. Dazu ist zu bemerken, daß das Klima im Hohen Venn weitgehend von westlichen, vom Atlantik herkommenden Winden geprägt wird, die seit mehr als einem halben Jahr für das Klima bestimmend sind.

Der hohe Niederschlagsreichtum des Hohen Venns erklärt sich dadurch, daß dieses Massiv von Stavelot den von Westen heranziehenden, feuchtigkeitsgesättigten Luftmassen als erste höhere Erhebung im Wege steht. Die Luftmassen müssen hochsteigen, dabei kommt es zur Kondensation und zum Niederschlag. In Monschaus höchstgelegenem Stadtteil, im Venndorf Mützenich, werden im Jahresmittel fast 1200 Millimeter Niederschlag gemessen, auf der Botrange, dem höchsten Punkt des Hohen Venns, sind es fast 1600 Millimeter. Dieses Niederschlagswasser, das mangels Neigung des Plateaus nicht abfließen kann und wegen der hohen Luftfeuchtigkeit nicht verdunstet, sammelt sich in Mulden und Wannen des Bodens an. Da Niederschlagswasser sauer und nährstoffarm ist, werden Pflanzenreste, die in solches Wasser geraten, kaum zersetzt, sondern bleiben weitgehend erhalten und werden auf diese Weise allmählich zu Torf umgewandelt. Allerdings sind nur wenige Pflanzen von der Natur so ausgestattet, daß sie im nährstoffarmen, sauren Wasser existieren können. Das sind vor allem die Torfmoos- und Wollgrasarten.

Das Torfmoos (Sphagnum), das in verschiedenen Arten weite Moosteppiche über den mit Wasser gefüllten Tümpeln der Hochfläche bildet, nimmt die wenigen Nährstoffe, die es benötigt, aus dem Niederschlagswasser auf. Es braucht also keine Wurzeln im eigentlichen Sinne. Deshalb kann die Pflanze es sich leisten, unten immer wieder abzusterben, je weiter sie in die Höhe, dem Licht entgegen wächst.

Im Großen Moor. Wollgras prägt hier die Landschaft.

Dadurch entsteht unter der Erde immer mehr abgestorbene Pflanzenmasse, die im Laufe der Zeit zu Torf wird. Dieses Torfmoos kann auf diese Weise jährlich rund acht Tonnen Trockensubstanz Torf pro Hektar Moorfläche erzeugen. Es wächst jährlich um etwa einen Millimeter in die Höhe. Die Sphagnumarten haben eine höchst eigenartige anatomische Bauweise ihres Vegetationskörpers. Ähnlich wie ein Badeschwamm sind sie in der Lage, das 15- bis 30fache ihres Trockengewichtes an Wasser aufzunehmen, zu speichern und dann ganz langsam wieder abzugeben. Darin beruht die wasserwirtschaftlich enorm große Bedeutung eines Hochmoors als natürliches Wasserreservoir.

Andererseits sind die Sphagnen in der Lage, in einer Art „Ionenaustauschreaktion" dem sowieso schon elektrolytarmen Moorwasser alle Mineralstoffe zu entziehen und dafür H^+- und O^--Ionen dem Wasser zukommen zu lassen. Das führt dazu, daß die Torfmoose in einem Hochmoor praktisch konkurrenzlos überlebensfähig sind und das ohnehin schon saure Wasser des Hochmoores noch saurer wird. Die pH-Werte des Moorwassers im Hohen Venn liegen zwischen 3 und 6,5. Der pH-Wert ist das Maß für den Säuregrad. Er wird ausgedrückt als sogenannter negativer Logarithmus der Wasserstoffionen-Konzentration einer Lösung. Die Wertskala reicht von 1 bis 14. Wert 7 ist neutral. Kleiner als 7 ist sauer, größer als 7 basisch oder alkalisch. Das bedeutet, je kleiner die pH-Zahl ist, umso saurer ist eine Lösung, in diesem Fall das Moorwasser.

In den weiten Torfmoosteppichen, die je nach Sphagnumart in grünen bis rötlichen oder auch weißlichen Farbtönen leuchten, siedeln sich andere Pflanzen an, vor allem Wollgrasarten. Die Reste dieser Pflanzen werden vom stets höher wucherndem Sphagnum überdeckt, eingeschlossen und ebenfalls zu Torf. Im Torf kann man dann durchaus an den vorhandenen Resten noch erkennen, welche Pflanzen einst dort gestanden haben.

Anhand dieser abgestorbenen Pflanzenreste, vor allem aber der im Torf eingelagerten Pollen der Pflanzenblüten kann man sehr genau wie an einer Tabelle ablesen, daß im Laufe der Zeit immer wieder andere Pflanzen im Hohen Venn heimisch waren. Diese Pflanzen gehörten den verschiedenen Klimabereichen an, woraus sich wiederum an den Ablagerungen im Torf ablesen läßt, daß und wie sich das Klima hier oben immer wieder verändert hat.

Vor rund 10 000 Jahren war das Eis der letzten Eiszeit geschmolzen, die Hochmoorbildung des Hohen Venns nahm ihren Anfang. Sie begann in einer Zeit, da Birken- und Kiefernwälder das Hochplateau prägten, in den Moortümpeln Myriophyllum (Tausendblatt) und Nuphar (Teichrosen), in der Umgebung Farne, Moose, Schachtelhalme, Bärlapp, Gräser und Simsen gediehen. In den damals entstandenen Torfschichten, die also die ältesten im Hohen Venn sind und bis zu acht Meter tief liegen können, findet man aus dieser Zeit noch fossile Birkenstümpfe und -äste. Etwa seit der Mitte des sechsten vorchristlichen Jahrtausends ging die boreale Epoche zu Ende, es begann die atlantische Periode. Besonders kennzeichnend hierfür ist die plötzliche Ausbreitung des Torfmooses, neben dem Wollgras und Blumenbinsenarten (Scheuchzeriazeen) die Tümpel besiedelten. Die Kiefernwälder verschwanden allmählich, machten Platz für Eichen- und Erlenwälder. Ulmen, Linden, Haselsträucher siedelten sich an. In den Torfschichten aus dieser Zeit findet man kompakten Torf aus Wurzelstöcken, aus Scheuchzeriablättern und aus Torfmoos.

Um 3000 v. Chr. begannen die Birken zu verschwinden, auf der Hochfläche traten die Rotbuchen auf, später verschwanden immer mehr die Ulmen. In den Torfmooren des Hohen Venns breiteten sich nach dem Verschwinden der Scheuchzeria regelrechte Gesellschaften von Torfmoos, Wollgras und Seggen aus, später mehr und mehr Erikazeen, vor allem Heidekraut (Calluna) und Krähenbeere (Empetrum). Die Reste von Torfmoos, Wollgras und Seggen prägen denn auch den Torf aus dieser Periode, die Mitte des zweiten Jahrtausends in die Subborealperiode überging.

Eichen und Linden gingen zurück, Buchenwälder, Haselsträucher und Erlen drangen vor. Das Torfmoor wurde von Erika überwuchert, im Zuge allmählicher Verlandung siedelten sich in den Torfmooren immer mehr Birkenbestände an. Entsprechend ist der Torf dieser Periode von den Überresten von Torfmoos, Birken und Erikazeen geprägt.

Etwa um 800 v. Chr. wurde das Klima wieder milder, man spricht von der subatlantischen Periode. Hainbuchen treten auf, in den Tallagen gedeihen Walnußbäume, die vielleicht durch die Römer eingeführt wurden. Später, als es wieder kälter wird, gehen auf der Hochfläche die Haselsträucher zurück, ebenso die Erlen. Gräser und Binsen breiten sich aus, Heideflächen und Wiesen entstehen, Buchen- und Eichenwälder dominieren, bis dann ab Mitte des 18. Jahrhunderts die heute landschaftsprägende Fichte eingeführt wird.

In der ganzen subatlantischen Periode wird das Torfmoor bis heute von Torfmoos, Wollgras und Erikazeen geprägt, was man natürlich überall dort, wo Torfaufschlüsse zu sehen sind, an den faserigen Resten erkennen kann.

Die einzelnen Vennstücke

Die endlos weite Hochmoorlandschaft im Hohen Venn gibt es nicht mehr. Fichtenanpflanzungen, landwirtschaftliches Nutzland, Siedlungen haben das Hochmoor schrumpfen lassen. Nur einige wenige Vennstücke, vor allem das Wallonische Venn, das Hohe Moor und das Große Moor vermitteln immer noch etwas von der Weite und Einsamkeit, die einmal für das Hohe Venn so typisch waren.

Daneben gibt es aber noch eine Vielzahl kleinerer typischer Vennstücke mit Hochmoor und Pfeifengraswiesen, mit Wollgras und leuchtenden Ährenlilien. Manche dieser Vennstücke sind nur wenige Hektar groß, oft liegen sie versteckt und isoliert in größeren Waldbeständen und sind nur mit Hilfe einer guten Karte zu finden. Doch es lohnt sie zu suchen, zu besuchen und zu durchstreifen. Nicht nur der oft überraschend reichhaltigen Vegetation und des schönen Landschaftsbildes wegen, sondern weil sie oft auch außerhalb der C- oder D-Zonen mit ihren Zugangsbeschränkungen liegen.

Bei der folgenden Aufzählung der wichtigsten Vennstücke, die heute noch erhalten sind, werden daher nicht nur Lage und Zugangsmöglichkeiten, sondern auch etwaige Zugehörigkeit zur C- oder D-Zone aufgeführt. Da diese Vennstücke weitgehend im wallonischen Teil des Hohen Venns liegen (nicht zu verwechseln mit dem Wallonischen Venn), sind die Namen in der jeweiligen französischen oder wallonischen Form aufgeführt, unter der sie auf den Vennkarten eingezeichnet sind, auch wenn einzelne dieser Stücke anderslautende deutsche Namen haben. Diese sind dann in Klammern angegeben.

Allgemeines Venn. Zwischen Getzbach und dem alten Pilgerweg liegt nordwestlich des Stehlings eine der höchstgelegenen Vennlandschaften, das Allgemeine Venn. Mit Brackvenn, Steinleyvenn und Kutenhardt bildet es den östlichen Teil des Naturschutzgebietes im Hohen Venn. Dieses eindrucksvolle Vennstück ist der D-Zone zugeordnet und außerhalb der es durchziehenden Forststraßen nicht zugänglich.

Bergervenn. Ein interessantes Vennstück, das sich vom Schwarzbach zum Pannensterzkopf hinaufzieht. Am Schwarzbach liegt ein kleiner Stausee; als Löschwasserreservoir angelegt, dient er im Herbst und Frühjahr durchziehenden Zugvögeln als Rastplatz und bietet manchmal gute Beobachtungsmöglichkeiten.

Boltefa-Venn. Ein kleines Vennstück nördlich der Straße Mont-Hockai am rechten Ufer des Trôs-Marets-Baches.

Bongard-Venn. Oberhalb der Einmündung des Miesbaches in die Hill liegt auf dem gegenüberliegenden linken Flußufer das sehr urwüchsige Vennstück zwischen den Waldgebieten Grand-Bongard und Petit-Bongard. Der vielbegangene Wanderweg von Baraque-Michel nach Eupen oder Mützenich führt hindurch.

Bovellervenn. Isoliert im Fichtenwald zwischen den Quellen von Miesbach und Ermessief hat sich das kleine Bovellervenn erhalten. Am besten erreicht man es vom Vennhof oder vom Leyloch bei Reichenstein.

Brackvenn. Eines der größten und schönsten heute noch erhaltenen Hochmoorstücke des Hohen Venns wird von der Straße Monschau–Eupen durchschnitten. Westlich der Straße heißt es königliches Torfmoor oder Misten, östlich der Straße Puzen. Es ist das Quellgebiet des Getzbaches. Das Brackvenn ist nur im Bereich des Torfmoores teilweise frei zugänglich, ansonsten gehört es zur C- und D-Zone.

Clefay-Venn. Das auch Calbour-Venn oder deutsch Venn von Kaltenborn genannte Gebiet ist ein besonders schönes Hochmoorstück. Da es in der C-Zone liegt, kann man es nur mit Guide-Nature durchwandern.

Im Steinleyvenn

Cossonfay-Venn. Nordwestlich der unteren Vekée südlich der alten Straße von Solwaster nach Xhoffraix liegen im Wald verstreut mehrere kleine, zum Teil recht moorige eindrucksvolle Vennstücke, die meist als Fagnes de Cossonfay bezeichnet werden.

Cothay-Venn. Mitten im Wald findet man dieses fast wie ein rechtwinkeliges Dreieck geformte Vennstück. Seine nach Norden gerichtete Spitze reicht bis fast an die Straße von Mont nach Hockai.

Venn von Deux-Series. Das auch als Hohes Moor bezeichnete Venngebiet ist eines der größten und eindrucksvollsten, daneben auch abwechslungsreichsten Hochmoorstücke, die überhaupt noch erhalten sind. Es dehnt sich östlich der Straße Baraque-Michel–Belle Croix, wird südlich von der Hill gegen das Wallonische Venn abgegrenzt, im Norden begrenzt es der Hertogenwald, östlich reicht es bis zum Grand-Bongard. Les Potales, Durèts, Noir Flohay, Geitzbusch, Brochepierre sind markante, teils bewaldete Teilgebiete dieses großen Vennstückes, das weitgehend zur C-Zone gehört und nur nahe der Hill ohne Einschränkungen durchwandert werden kann.

Duzos-Moûpa-Venn. Nordwestlich von Mont liegen im Wald eingestreut einige kleinere, nicht sonderlich bedeutsame Vennstücke, die als Venn von Duzos-Moûpa bezeichnet werden.

Fraineu-Venn. Nordöstlich der Straße von Mont nach Hockai dehnt sich das schöne Venn von Fraineu aus, das sich mit mehreren schmalen Verbindungsstreifen nach Norden in das große Venngebiet von Setay fortsetzt.

Grande Fagne. Das Große Moor ist neben dem Venn von Deux-Series und dem Wallonischen Venn das dritte der drei großen Venngebiete im westlichen Teil des Naturschutzgebietes. Ursprünglich war es der westlichste Teil des Venns von Deux-Series, von dem es heute durch die Straße Baraque-Michel–Belle Croix getrennt ist. Das Vennstück gehört insgesamt zur C-Zone.

Hardtvenn. Wenige hundert Meter westlich des Bergervenns hat sich im Wald beim Pannensterzkopf das kleine, aber schöne Hardtvenn (Fagne du Grand Hardt) erhalten.

Herbofaye-Venn. Eigentlich ist das Venn von Herbofaye der südöstlichste Zipfel des Grand Fagne. Seit alters her trägt dieses durch die Vekée vom Grand Fagne getrennte Vennland jedoch einen eigenen Namen. Da es heute außerhalb der C-Zone liegt und frei durchwandert werden kann, ist es gerechtfertigt, es als eigenes Vennstück aufzuführen.

Hoscheider Venn. Von der B 258 Monschau–Aachen, die in diesem Bereich belgisches Hoheitsgebiet ist, wird das Hoscheider Venn in einen westlichen und einen östlichen Teil getrennt. Am südlichen Rande

Im Wallonischen Venn

des östlichen Teils des Hoscheider Venns liegt das sogenannte Eicher-scheider Venn. Zwischen dem Bahnhof Konzen und Fringshaus ist dieses Venngebiet durch zahlreiche Moortümpel und schöne Wollgrasbestände, aber auch durch einige der selten gewordenen Kiefernbestände des Hohen Venns geprägt.

Klüsenborner Venn. Das auch Venn von Wildenbroich genannte Vennstück zieht sich von Ruitzhof zum Pannensterz am Klüserbach entlang.

Kutenhardt. Das auch als Nahtsief bekannte große Vennstück als Teil des östlichen Naturschutzgebietes schließt sich nördlich an das Allgemeine Venn an. Mit einer Fläche von rund 290 Hektar ist dieses bis nahe an die Eupener Talsperre (Wesertalsperre) heranreichende und am besten von den Forsthäusern Hattlich oder Ternell über Forststraßen erreichbare Venn von Reinartzhof, wie es auch genannt wird, das einzige großflächige Vennstück im Hohen Venn, das als B-Zone frei zugänglich ist, wenn auch nur auf dafür vorgesehenen Wegen.

Leveau-Venn. Eigentlich ist das Leveau-Venn nichts anderes als ein kleiner nordöstlich der Straße Belle Croix–Eupen abgetrennter Teil des Grand Fagne. Im Gegensatz dazu liegt das schöne 36 Hektar große Leveau-Venn jedoch nicht in der C-Zone, sondern ist frei zugänglich.

Nampîre-Venn. Zahlreiche kleine Vennstücke zwischen der Straße Mont Rigi–Malmédy und Mont–Hockai werden Venn von Nampîre genannt. Es ist zum Teil sehr nasses Vennland.

Venn von Neur Lowé. Südlich der Straße Mont Rigi–Malmédy liegt das rund 70 Hektar große Venn von Neur Lowé. Es gehört zwar zum Naturschutzgebiet Hohes Venn, liegt jedoch nicht in einer besonderen Schutzzone.

Poleurvenn. Bei Mont Rigi, westlich der Straße nach Baraque-Michel liegt das 54 Hektar große Poleurvenn, das Quellgebiet des Poleurbaches. 1984 wurde es aufgekauft und zum staatlichen Naturschutzgebiet mit experimentaler und didaktischer Zweckbestimmung erklärt. Zwei Naturlehrpfade von drei und fünf Kilometern Länge wurden hier angelegt.

Polleurvenn. Das Polleurvenn (man beachte die Schreibweise mit Doppel-l) liegt östlich des Dorfes Hockai und besteht aus mehreren kleinen Vennstücken.

Rurvenn. Ein großes Venngebiet an der Oberen Rur nordöstlich von Sourbrodt. Das Venngebiet besteht aus mehreren benannten Teilstücken, dem Nesselo oder Tusschenbusch, dem eigentlichen Rurvenn und dem Herzogenvenn. Rur und der ihr zufließende Scheidbach fließen durch dieses Venngebiet, das sich bis zum sogenannten Grünen Kloster an der Straße Kalterherberg–Elsenborn hinzieht.

Schwarzes Venn. Etwas nördlich vom oben genannten Herzogenvenn findet man im Wald das Schwarze Venn, Quellgebiet des Schwarzbaches, der jedoch nichts mit dem größeren Schwarzbach zu tun hat, der bei Küchelscheid in die Rur fließt.

Venn von Setay. Von der Straße Mont Rigi–Malmédy durchschnitten, liegt das große Venngebiet von Setay, die südwestliche Fortsetzung des Venns von Neur Lowé. Aus dem Venn von Setay, einem ausgezeichneten Wandergebiet, kommt der wilde Trôs-Marets Bach.

Steinleyvenn. Eines der großen Vennstücke im östlichen Teil des Naturschutzgebietes. Das Steinleyvenn nordöstlich des Pilgerweges gelegen, ist eine sehr typische schöne Hochmoorlandschaft. Sie gehört je-

doch insgesamt in die unzugängliche D-Zone. Indessen kann man beim Wandern über den Pilgerweg und den Konzener Weg, die beide am Rande dieses Venns vorbeiführen, einen Eindruck von der Landschaft bekommen. Sie ist als Quellgebiet der Weser besonders wasserreich.
Trichterbroicher Venn. Ein kleines Vennstück nahe dem rechten Ufer des großen Schwarzbaches bei Küchelscheid.
Wallonisches Venn. Nächst dem Venn von Deux-Series ist das Wallonische Venn das größte und schönste Vennstück überhaupt. Es ist das Quellgebiet der Rur und wird von einigen typischen kleinen Laubwaldbeständen, dem Drello, dem Oneux und den Vier Buchen geprägt. Der größte Teil des Wallonischen Venns gehört zur C-Zone.
Wollerscheider Venn. Dieses Vennstück ist das einzige noch auf deutschem Gebiet befindliche Stückchen Hochmoor. Es liegt an der Straße Lammersdorf–Fringshaus, ist jedoch einer sehr starken Verlandung ausgesetzt. Es wird immer wieder versucht, durch Beseitigung der Bäume das Venn ursprünglich zu erhalten, doch ist auf längere Sicht dieser Versuch sicherlich zum Scheitern verurteilt, da das Wollerscheider Venn zu klein ist, um sich über einen längeren Zeitraum noch halten zu können.

Die vorstehende Aufzählung ist selbstverständlich nicht vollzählig. Zahlreiche kleine Vennstücke oder solche, die heute weitgehend von Wald eingenommen werden, obwohl sie auf den Karten noch als Vennstücke eingezeichnet sind, wurden nicht aufgeführt. Nicht berücksichtigt sind auch die zum Truppenübungsplatz Elsenborn gehörenden Vennstücke wie Richelsvenn, Schörresvenn oder Wolfsvenn, die als militärisches Sperrgebiet ohnehin nicht betreten werden dürfen.

Die Pingos

An vielen Stellen fallen im Hohen Venn eigenartige Verformungen des Bodens auf. Meist handelt es sich um deutlich erkennbare, kreisrunde bis elliptische Vertiefungen, die von einem oft noch deutlich erkennbaren, über den Boden herausragenden Ring von bewachsenem Erdreich umgeben sind. Während die Vertiefungen selber in der Regel mit Torf oder Torfmoortümpeln gefüllt sind, tragen die ringartigen Wälle eine ganz andere Vegetation, die des trockenen Bodens nämlich.
Diese von wallartigen Ringen umgebenen Vertiefungen, die heute in der Regel als Pingo, im Französischen als viviers bezeichnet werden, finden sich in allen Venngegenden. Besonders zahlreich sind sie jedoch

beiderseits der Straße von Baraque-Michel nach Jalhay, im Brackvenn und im Steinleyvenn. Ihre Größe schwankt zwischen etwa 15 Metern und mehreren hundert Metern im Durchmesser. Manchmal sind sie nur bei genauem Hinsehen erkennbar, weil die Ringe längst abgetragen, erodiert sind und ihre einstige Lage nur noch durch die andersartige Pflanzenwelt erkennbar ist. Manche sehen aber auch heute noch so aus, als sei gerade ein Meteorit oder eine gewaltige Granate eingeschlagen.

Diese Pingos, die man früher als vorgeschichtliche Weiher bezeichnet hat, haben die Phantasie der Menschen lange angeregt. Es hat die verschiedensten, oft recht verwegenen Theorien über ihre Entstehung, Bedeutung und Alter gegeben. Das reicht von Meteoritenkratern über (auch das ist ernsthaft behauptet worden) Miniatur-Vulkankrater zu künstlich angelegten Weihern, in denen Menschen vor Jahrtausenden auf Pfahlbauten Schutz gefunden hätten. Sogar als Fischteiche irgendwelcher Urmenschen hat man die Pingos angesehen.

Nichts von alledem ist richtig, wenn auch tatsächlich in einem solchen Pingo, dem Pingo Fredericq nahe Baraque-Michel einmal Balkenreste gefunden worden sind, die man als Überreste einer Pfahlbausiedlung angesehen hat. In Wirklichkeit verdanken diese Gebilde ihre Entstehung der Eiszeit und sind − davon gehen die Wissenschaftler heute aus − ebenso entstanden wie die ihnen ähnlichen Gebilde, die man allenthalben im subpolaren Gebiet der Nordhalbkugel findet. Die Eskimos im Bereich des Mackenzie-Deltas in Kanada nennen diese Gebilde Pingos, und der Name hat sich auch für die ursprünglich wassergefüllten Vertiefungen im Hohen Venn durchgesetzt.

Wichtig ist zunächst zu wissen, daß es sich bei diesen Pingos, auch wenn sie infolge des längst verschwundenen Ringwalles nicht sofort als solche erkennbar sind, um Vertiefungen des auf dem felsigen Untergrund ruhenden Bodens sind. Dadurch unterscheiden sie sich von den anderen Moortümpeln, die sich in den Vertiefungen und Wannen des felsigen Untergrundes gebildet haben. Wichtig ist außerdem, daß sie alle in einer Höhenlage zwischen 500 und 600 oder 650 Metern liegen, in einer Region also, die klimatisch als rauh anzusehen ist.

Während der letzten Eiszeit, so die heute gängige Theorie über die Entstehung der Pingos, bildeten sich aus nicht bekannten Gründen über dem wasserundurchlässigen Boden stellenweise kleine und große Eislinsen, über denen sich der Boden hügelartig aufwölbte. Im Laufe der allmählichen Erwärmung tauten die Eislinsen auf, wobei sich das Eis bekanntlich ausdehnt. Dadurch entfalteten die auftauenden Eislinsen eine regelrechte Sprengwirkung, das auf ihnen ruhende Erdreich wurde hochgedrückt und fiel an den Seiten herab, wodurch die ringwallartigen Ränder entstanden. Nach dem Schmelzen des Eises blieben die Vertiefungen zurück, deren Tiefe grundsätzlich der Tiefe des umgebenden Moorbodens bis zur festen Tonschicht des Untergrundes entspricht. Somit haben die Pingos durch den in ihnen inzwischen entstandenen Torf hindurch eine Tiefe von fünf bis maximal zehn Metern.

Im zirkumpolaren Bereich Nordskandinaviens, Kanadas, Alaskas und Grönlands gibt es heute noch zahlreiche lebende Pingos, in denen die Eislinse noch vorhanden ist. Hier kann man die Entstehung, die im Hohen Venn seit 8000 bis 10000 Jahren abgeschlossen ist, noch beobachten. Die schönsten, ausgeprägtesten und eindrucksvollsten Pingos im Hohen Venn findet man im Brackvenn und im Steinleyvenn (siehe auch „Pingoweg" im Kapitel „Vorschläge für Vennwanderungen").

Das Klima

Das Klima und das durch das Klima geprägte Wetter im Hohen Venn werden ganz wesentlich durch drei Faktoren bestimmt. Von ausschlaggebender Bedeutung ist zunächst einmal die extrem nach Westen vorgeschobene Lage des Vennmassivs. Dazu kommt die Höhenlage. Beide zusammen bewirken, daß die von Westen über das belgische Tiefland heranstreichenden Luftmassen beim Massiv von Stavelot geradezu vor eine Barriere treffen. Die Luftmassen können nicht weiter, sie müssen aufsteigen, werden hochgedrückt und kühlen sich dabei ab. Je kälter Luft ist, umso weniger Wasser kann sie aber speichern. Infolge des Hochsteigens vor dem Vennmassiv im Westen wird die abkühlende Luft sozusagen löchrig. Sie kann die in ihr gebundenen Wassermassen nicht mehr halten, muß sie fallen lassen. Es kommt zum Regen oder im Winter zum Schnee. So wird es verständlich, daß die höchsten Lagen des Hohen Venns, die Botrange und die benachbarte Höhe von Baraque-Michel, die höchsten Niederschläge aufweisen. Zum östlichen Vennland hin nehmen die Niederschläge dann ab. In Monschau-Mützenich sind es noch knapp 1200 Millimeter, dann werden es immer weniger.

Es hilft kein Schönreden, es muß festgestellt werden, daß das Hohe Venn außerordentlich niederschlagsreich ist. Es gehört sogar zu den niederschlagreichsten Gebieten Mitteleuropas. Sonnenschein und blauer Himmel sind über dem Hohen Venn also wesentlich seltener als etwa über der sogenannten Rheinischen Bucht. Und selbst wenn in Monschau die Sonne scheint, kann es bei der Botrange regnen. Die Luftmassen, die dann vom Venn nach Monschau herunterkommen , sind schon ausgeregnet, haben sich beim Herunterkommen von der Hochfläche wieder etwas erwärmt, was man dann im Rurtal durchaus merken kann.

Ist der große Niederschlagsreichtum das eine prägende Element für Klima und Wetter im Hohen Venn, sind die verhältnismäßig niedrigen Durchschnittstemperaturen das andere. In den Wintermonaten Dezember bis Februar liegt die monatliche Durchschnittstemperatur normalerweise unter 0 Grad. Die höchste monatliche Durchschnittstemperatur hat der Juli mit 13 bis 14 Grad. Zum Vergleich sei gesagt, daß die mittleren Jahrestemperaturen im Raum Köln-Bonn etwa doppelt so hoch sind. Der Jahrestemperaturdurchschnitt im Hohen Venn beträgt nur 6 bis 7 Grad.

Die Meteorologen zählen auf der Hochfläche des Hohen Venns statistisch nur 20 reine Sonnentage im Jahr. Andererseits hat man ermittelt, daß es 134 Frosttage gibt, an denen die Temperatur auf den 0-Punkt sinkt, und 36 Eistage, an denen die Temperatur unter dem 0-Punkt bleibt. An durchschnittlich 70 Tagen im Jahr liegt mindestens ein Zentimeter Schnee. Grundsätzlich muß man sagen, daß der Juli der einzige frostfreie Monat des Jahres ist und Juli und August als schneefreie Monate gelten, obschon die Chronik Ende des 19. Jahrhunderts von Schneefällen Anfang August auf der Höhe von Wahlerscheid bei Monschau zu berichten weiß. Im Gegensatz etwa zum nahen Aachen beginnt der Frühling auf dem Hohen Venn in der Regel drei Wochen später, der Winter fängt entsprechend eher an.

Für den Wanderer im Hohen Venn bedeutet das alles natürlich, daß er sich von seiner Kleidung her auf rauhes, unwirtliches Wetter einstellen muß. Aber wenn man die richtige Kleidung hat, gibt es ja bekanntlich kein schlechtes Wetter. Und jeder Vennwanderer, der einmal bei Sturm und Regen oder im Nebel stundenlang durch das Hochmoor gelaufen ist und dann am Ende einer solchen Tour eine gastliche Unterkunft erreicht wie die Baraque-Michel mitten im Venn, weiß, daß er unvergeßliche Stunden erlebt hat. Mögen Sonnentage mit ihrer Fernsicht über das Hochplateau auch noch so schön sein, zur ernsten Hochmoorlandschaft passen dunkle Wolken nun einmal besser. Und gelegentliche Regenschauer oder Nebelschwaden, die wie Fetzen um die krüppeligen Sträucher und Bäume sich ranken, verhelfen zu Stimmungserlebnissen, wie sie keine konfektionierte Landschaft bieten kann. Das Hohe Venn ist mit seinen verbliebenen Moorflächen eine Urlandschaft, die ihr ureigenes Klima hat. Wer das akzeptiert und sich darauf einrichtet, wird bei Wanderungen und Spaziergängen das Hohe Venn als das erleben, was es in Wirklichkeit noch immer ist: eine der eigenwilligsten und schönsten Landschaften Mitteleuropas.

Die Gewässer des Hohen Venns

Die Torfmoosteppiche, die die Moore im Hohen Venn gestalten, können wie ein überdimensionaler Badeschwamm das Niederschlagswasser, das so reichlich auf das Hochplateau herabfällt, aufsaugen und nur langsam wieder abgeben. Ein Quadratmeter Torfmoosteppich von 20 Zentimetern Dicke kann 72 Kilogramm (Liter) Wasser speichern. Davon werden 57 Kilogramm im Laufe der Zeit langsam wieder abgegeben. Natürlich muß das Wasser, das auf diese Weise im Hochmoor gespeichert wird, irgendwo bleiben und dann irgendwohin abfließen, wie das Moor es abgibt. Es fließt praktisch in alle Richtungen in Form der vielen Wasserläufe, die auf dem Hochplateau des Hohen Venns entspringen.

Auch wenn die Wasserläufe von ihrem Ursprung her zunächst in die verschiedensten Richtungen fließen, so haben sie doch alle das gleiche Ziel: die Maas. Sämtliche Venngewässer sind direkte oder indirekte Zuflüsse zur Maas. Der wichtigste Wasserlauf, der aus dem Hohen Venn kommt, ist zweifellos die Rur, ihr folgen die Weser, die Hill, die Getz, die Statte und viele andere. Für alle Wasserläufe des Hohen Venns gilt bezüglich ihres Ursprungs eins: sie haben keine bestimmte, sprudelnde Quelle, wie etwa die Ahr im berühmten Keller eines Hauses in Blankenheim. Die meisten Vennbäche entspringen nicht an einer bestimmten Stelle, sie sickern im Quellgebiet aus dem Boden, rinnen in Form von zunächst vielen kleinen Adern, die sich vereinen, bis schließlich der Punkt erreicht ist, von wo an das Gewässer einen Namen hat.

Die vom Hohen Venn herunterkommenden Wasserläufe haben im Laufe der Zeit zum Teil eine bedeutende Rolle gespielt. Einige waren Grenzen zwischen den Fürstentümern des Ancien regime bis zur Französischen Revolution und wurden dann Staatsgrenze zwischen den Niederlanden und Preußen, später zwischen Belgien und Preußen und dann zwischen Belgien und Deutschland. Einige haben ihre Grenzfunktionen bis auf den heutigen Tag erhalten. Andere wurden noch in jüngster Zeit aufgestaut zu Talsperren, und wieder andere, wie die Weser (Vesdre), waren wegen ihres Laufes Gegenstand von Staatsverträgen zwischen Deutschland und Belgien und bekamen danach einen völlig neuen, künstlichen Lauf. Manche Wasserläufe sind allerdings weder historisch noch wasserwirtschaftlich oder landschaftlich für den Wanderer interessant. Die wichtigsten Wasserläufe, die vom Hohen Venn herunter kommen, und die zum Teil jeder für sich wunderschöne, wenn auch mitunter wilde und nicht immer leicht zu durchwandernde Täler durchfließen und daher hervorragende Wanderziele sind, sollen hier kurz vorgestellt werden:

Bayehonbach. Der Bayehonbach entspringt westlich der Botrange und durchfließt eines der schönsten Wandertäler im Bereich des Hohen Venns. Beim Dorf Longfaye bildet er die Cascade de Bayehon, den mit neun Metern freier Fallhöhe höchsten Wasserfall des Hohen Venns, ein wunderschönes Naturschauspiel. Der Bayehon mündet oberhalb von Malmédy in die Warche.

Eau-Rouge. Der Bach kommt aus dem Venngebiet Duzos-Moûpa westlich des Dorfes Mont und fließt zur Hoegne. Bereits zur Römerzeit bildete er die Grenze zwischen den „Civitates", den Städten Köln und Tongeren, später war er die Bistumsgrenze zwischen Köln und Tongeren, dann Lüttich. Von 1815 bis 1919 war er die Staatsgrenze zwischen zunächst Preußen, dann Deutschland einerseits, den Niederlanden und später Belgien andererseits.

Ermessief (auch Kirmessief). Der kleine Bach kommt vom Pannensterzkopf (Bovel) herunter und bildet die heutige Grenze zwischen Deutschland und Belgien. Er fließt bei Reichenstein oberhalb von Monschau in die Rur.

Eschbach. Der kleine Zufluß kommt aus dem Venngebiet von Kutenhardt und fließt bei Petergensfeld in die Weser. Er war lange Zeit Grenzfluß zwischen den Herzogtümern Jülich und Limburg.

Getz (oder Gethe). Einer der wichtigsten Vennflüsse. Die Getz entwässert einen Teil des Steinleyvenns und das Brackvenn. Ursprünglich war sie ein Nebenfluß der Weser. Seit dem Bau der Wesertalsperre nach dem Zweiter Weltkrieg fließt sie getrennt in diesen Stausee. Ebenso wie der Eschbach war die Getz lange Zeit Grenzfluß zwischen den Herzogtümern Jülich und Limburg.

Gileppe. Die Gileppe kommt vom Nordrand des Grande Fagne, bildet zwischen Eupen und Verviers die Gileppetalsperre, die älteste Talsperre des Hohen Venns (die drittälteste Europas) und fließt dann in die Weser. Früher war sie die Grenze zwischen dem Herzogtum Limburg und dem Fürstbistum Lüttich.

Hill (Helle). Der längste Wasserlauf im Hohen Venn entspringt nahe Baraque-Michel und fließt in Eupen in die Weser. Die Hill durchfließt ein außerordentlich schönes und abwechslungsreiches Tal. Es ist eines der schönsten Wandergebiete im Hohen Venn mit allen Landschaftsformen und Vegetationsbereichen des Hochplateaus und seiner Randgebiete und ist seit alters her bis auf den heutigen Tag Grenze. Zur Römerzeit bildete die Hill die Grenze zwischen den „Civitates", den Städten Köln und Tongeren. Später war sie die Grenze zwischen den Kirchenprovinzen Köln und Tongeren, an dessen Stelle dann später Lüttich trat. Von der Quelle bis zur Einmündung des Miesbaches bildete sie früher die Grenze zwischen Luxemburg und Limburg, von der Mündung des Miesbaches bis zu der des Sporbaches die Grenze zwischen Limburg und Jülich. Von 1815 bis 1919 war sie Staatsgrenze zwischen zunächst Preußen, dann Deutschland einerseits, sowie den Niederlanden, dann Belgien andererseits. Heute noch bildet die Hill die Grenze zwischen den belgischen Kantonen Eupen und Malmédy und damit zwischen dem deutschen Sprachgebiet von Eupen und dem französisch-wallonischen von Sourbrodt-Robertville.

Hoegne. Dieser Vennfluß kommt aus dem Hochmoor westlich von Baraque-Michel. Dort hat er zunächst zwei Quellflüsse, einmal den Poleurbach, der aus dem Poleurvenn bei Mont Rigi kommt, und den Bach von Baraque oder Bach von Herbofaye. Der Poleurbach war wie Eau-Rouge und Hill zur Römerzeit Grenzbach zwischen Köln und Tongeren (Lüttich). Beide Quellbäche wie auch die Hoegne selber durchfließen landschaftlich außerordentlich reizvolle Täler, die sich zu wunderschönen Wanderungen eignen, aber viel weniger bekannt und durchlaufen sind als die Täler am östlichen Vennrand. Die Hoegne mündet unterhalb von Verviers in die Weser.

Klüserbach. Der kleine Bach kommt vom Pannensterz herunter und fließt in den großen Schwarzbach. In seiner gesamten Länge war er

Wanderung entlang der Hill

29

einst Grenzgewässer zwischen den Herzogtümern Jülich und Luxemburg.

Krokkesbach (auch Vokkesbach). Der Zufluß zum Schwalmbach (oberer Perlenbach) kommt aus dem Waldgebiet bei Wahlerscheid. In seiner ganzen Länge war er von 1919 bis 1956 deutsch-belgischer Grenzfluß. Besonders im Frühjahr gehört das Krokkesbachtal wegen seines Blütenreichtums zu den schönsten Wandertälern am Rande des Hohen Venns.

Miesbach. Grenzbach in alter Zeit zwischen Jülich und Luxemburg, fließt der Miesbach vom Bovelsvenn westlich des Pannensterzkopfes (Bovel) zur Hill.

Rur (Roer oder wallonisch Roule). Der wichtigste Wasserlauf des Hohen Venns. Die Rur entsteht aus den beiden Quellbächen Große Rur und Kleine Rur, die aus dem Wallonischen Venn unterhalb der Botrange kommen und am Ortsrand von Sourbrodt zusammenfließen. Während der französischen Besatzungszeit Ende des 18. Jahrhunderts gab die Rur einem ganzen Departement, dem Rurdepartement, ihren Namen. Die Grenze zwischen dem Rurdepartement im Osten des Hohen Venns und dem nach Westen in die Ardennen hineinreichenden Ourthedepartements verlief über die Höhen des Hohen Venns bei Botrange und Baraque-Michel. Die Rur fließt von Sourbrodt aus durch die Wiesenlandschaft des Grünen Klosters nach Kalterherberg, wo sie die Grenze zu Deutschland erreicht. Zwischen Kalterherberg und Monschau selber durchfließt die Rur das Naturschutzgebiet Gebirgsbach Rur, eine wildromantische Flußtallandschaft. Unterhalb von Monschau zieht die Rur zu den großen Stauseen, die sie zwischen Einruhr und Obermaubach insgesamt viermal bildet. Darunter ist die Rurtalsperre Schwammenauel, die zweitgrößte Talsperre Deutschlands. Sie hat ein Fassungsvermögen von 205 Millionen Kubikmetern Wasser. Unterhalb des Staubeckens Obermaubach, der letzten der vier Rurtalsperren, fließt die Rur weiter über Düren, Jülich, Heinsberg ins niederländische Roermond, wo sie als einziger vom Hohen Venn kommender Wasserlauf direkt in die Maas mündet.

Sawe. Die Sawe kommt aus dem Grande Fagne westlich der Landstraße Baraque-Michel–Eupen und fließt zur Weser.

Schwalm (Perlenbach). Aus den sumpfigen Wiesen bei Rocherath, Belgiens höchstgelegenem Dorf, kommt der Schwalmbach, der weiter unterhalb einige Vennstücke im touristisch unzugänglichen Truppenübungsplatzgebiet von Elsenborn entwässert. Da der Schwalmbach streckenweise durch das Militärgelände fließt, kann man ihn nicht ganz entlang wandern. Von der Einmündung des Fuhrtsbaches an heißt er Perlenbach, was an das Vorkommen der Flußperlmuschel erinnert. Un-

An der Oberen Rur

terhalb der Höfener oder Perlenbacher Mühle bildet der jetzt Perlenbach heißende Fluß die Perlenbachtalsperre und fließt dann am Stadtrand der Altstadt von Monschau in die Rur.

Schwarzbach. Der (große) Schwarzbach kommt aus dem Venn von Clefay (Kaltenborn) und mündet in die Rur. Zwischen der Einmündung des Klüserbaches (siehe oben) und der Rur war der Schwarzbach Grenze zwischen den Herzogtümern Jülich und Luxemburg. In seinem mittleren Lauf wurde er vor Jahren aufgestaut. Der kleine Stausee dient häufig hier rastenden Zugvögeln wie Wildgänsen und Kranichen als Raststation.

Soor. Die Soor entspringt im Hohen Moor, dem Venn von Deux-Series, und zwar in dem ausgedehnten Hochmoorgebiet zwischen den Partien von Noir Flohay und Geitzbusch, und fließt oberhalb von Eupen in die Hill. Auf ihrer ganzen Länge war sie früher Grenzfluß zwischen Jülich und Limburg. Im Waldgebiet Vohlenborn wurde die Soor 1952 zu einem kleinen Stausee aufgestaut. Das Wasser wird seitdem durch einen 2500 Meter langen Tunnel unter dem westlichen Hertogenwald hinweg der Gileppe zugeführt, um auf diese Weise der Gileppetalsperre größere Wassermengen zu gewährleisten.

Spohrbach (auch Spuhlbach). Der Spohrbach kommt vom Brackvenn herunter und fließt am Herzogenhügel entlang zur Hill. Sein Tal ist nicht sehr lang, doch es gehört zu den schönsten Wandertälern im Hohen Venn. Vor allem im unteren Teil durchfließt der Spohrbach ein regelrechtes Sumpf-Urwaldgebiet.

Statte. Die Statte ist ein reiner Waldfluß, der am Rande des Grande Fagne entspringt. In ihrem mittleren Verlauf, in einem reizvollen Laubwaldgebiet fließt ihr die Cascade de Nuton zu, weiter unterhalb passiert sie den eindrucksvollen Felsen von Bilisse, ehe sie bei Solwaster mit der Sawe zusammenfließt.

Trôs-Marets (oder Vennbach). Der aus dem recht nassen Venn von Setay kommende Trôs-Marets-Bach, der oberhalb von Malmédy in die Warche fließt, bildet wohl das großartigste und wildeste Tal aller Vennbäche. In seinem oberen Teil ist der Trôs-Marets ein typischer Vennbach. Dann stürzt er sich jedoch in eine eindrucksvolle Schlucht und bildet eine Kette von Kaskaden. Die Wanderung von Baraque-Michel durch das Trôs-Marets-Tal nach Malmédy gehört zu den schönsten Wanderungen überhaupt, die man im Bereich des Hohen Venns machen kann.

Weser (Vesdre). Die Weser sammelt ihr Wasser mit zahlreichen Ursprungsarmen im sehr nassen Steinleyvenn westlich von Konzen. Sie bildet die 1950 gebaute Wesertalsperre bei Eupen, fließt dann durch Eupen und Verviers zur Ourthe, die sie nahe Lüttich erreicht. Zwischen der Weserfuhrt bei Roetgen und der Einmündung des Eschbaches war die Weser früher die Grenze zwischen den Herzogtümern Jülich und Limburg.

Da die Wesertalsperre eine Trinkwassertalsperre ist, befürchtete man eine Verschmutzung des Wassers durch die Anlieger im belgischen Petergensfeld und in Roetgen; die Weser fließt auf einer Länge von etwa zwei Kilometern über deutsches Territorium im Bereich der Gemeinde Roetgen. Entsprechend einem deutsch-belgischen Staatsvertrag von 1956 wurde daher die Weser auf belgischem Gebiet in einem 3,5 Kilometer langen Betongraben umgeleitet zum Steinbach, der wiederum über den Eschbach die Weser unterhalb von Roetgen–Petergensfeld erreicht.

Da man andererseits nicht das gesamte Weserwasser aus Roetgen und damit aus Deutschland heraushalten durfte, wurde ein 1400 Meter langer Tunnel unter Roetgen hinweg gebaut und ein Teil des Weserwassers zum Grolisbach geleitet.

Warche. Als einziger Wasserlauf im Bereich des Hohen Venns entspringt die Warche außerhalb des hier beschriebenen Hochplateaus in der Nähe von Büllingen. Sie fließt nahe Stavelot in die Amel (Amblève), einen Nebenfluß der Ourthe. Zweimal am Vennrand, bei Bütgenbach und bei Robertville, ist die Warche zu Stauseen aufgestaut. Das Warchetal von der Staumauer des unteren dieser beiden Stauseen, des Sees von Robertville, an der Burg Reinhardstein vorbei bis Malmédy ist ein eindrucksvolles und schönes Wandertal, nicht zuletzt im Hinblick auf die Pflanzenwelt. Es gibt hier einige Blumen, die man sonst nur in den Alpentälern finden kann.

Die Siedlungen im Hohen Venn

Im Zusammenhang mit den Versuchen, die Entstehung der Pingos (siehe dort) zu erklären, hat es eine Theorie gegeben, das Hohe Venn sei vor vielen Jahrtausenden bereits von einem Netz von Pfahlbausiedlungen überzogen gewesen. Das ist nichts weiter als Phantasie. Abgesehen von einigen wenigen Einzelsiedlungen an den Landstraßen wie Baraque-Michel, Botrange oder Mont Rigi und den verschiedenen Forsthäusern sind die Siedlungen an den Rand des Hohen Venns und ins Vennvorland gedrängt . Nach den fünf „Eckpunkten" des Hohen Venns, Eupen, Malmédy, Monschau, Roetgen und Spa, sollen hier ganz kurz diejenigen Orte vorgestellt werden, die für den Tourismus im Hohen

Venn Bedeutung haben, sei es als Ausgangspunkt für Wanderungen, sei es als Standort, um von hier aus über eine längere Zeit hin auf verschiedenen Routen das Hochplateau kennenzulernen. Es wird dabei bewußt darauf verzichtet, eine detaillierte Beschreibung der einzelnen Orte zu geben. Der Schwerpunkt soll in der Bedeutung der Orte im Zusammenhang mit dem Hohen Venn stehen.

Eupen

Am Zusammenfluß der beiden aus dem Hohen Venn kommenden Wasserläufe Weser und Hill entwickelte sich die rein deutschsprachige Stadt Eupen zur größten Stadt Ostbelgiens und zur Hauptstadt der Deutschsprachigen Gemeinschaft seit 1984. Die deutlich in eine Ober- und eine Unterstadt gegliederte Stadt hat heute rund 18 000 Einwohner. In verschiedenen Straßen gibt es in Eupen ausgesprochen attraktive Partien, die mit ihren schönen Patrizierhäusern noch an die große Zeit Eupens als Tuchmacherstadt erinnern. Besonders schön ist das einstige Kapuzinerkloster in der Oberstadt, das heute als Rathaus dient. Entzückend sind die Ensembles bei der St. Nikolaus-Kirche in der Oberstadt.

Eupen ist ein hervorragender Ausgangspunkt wie auch Standort für Wanderungen im östlichen Hertogenwald, dem größten geschlossenen Waldgebiet Belgiens. In seiner gesamten Länge wird dieser Teil des Hertogenwaldes von der Landstraße Eupen–Monschau durchzogen, die auf diese Weise landschaftlich wohl die schönste Strecke im gesamten Bereich des Hohen Venns ist.

Zwischen Eupen und der belgisch-deutschen Grenze bei Monschau-Mützenich liegt beim Forsthaus Ternell die Naturkundliche Bildungsstätte mit Waldmuseum Ternell. Von hier aus ergeben sich günstige Möglichkeiten für Wanderungen einerseits zum Hilltal hinunter und damit weiter in Richtung Wallonisches Venn–Baraque-Michel, andererseits zum Venn von Kutenhardt. Ternell ist auch ein beliebter Ausgangspunkt für Fahrradwanderungen auf dem weitverzweigten und gut ausgebauten Netz von Forststraßen vor allem zum Hilltal hinunter und weiter bis nach Sourbrodt. Schöne Wandermöglichkeiten ergeben sich auch von der etwa acht Kilometer südöstlich von Eupen gelegenen Wesertalsperre aus.

Nähere Informationen:
Fremdenverkehrsamt, Bergstr.6, B – 4700 Eupen,
Telefon 0032/87/553450 und 553902.

Aussicht auf Eupen

Malmédy

Im Gegensatz zu Eupen ist Malmédy ein Zentrum des französisch-wallonischen Sprachgebietes am Rande des Hohen Venns. Als Verwaltungsmittelpunkt für die meisten Dörfer auf der belgischen Seite des Hochplateaus hat Malmédy eine große Bedeutung für das Venn. Jahrhundertelang war Malmédy mit seinen vom heiligen Remaklus 648 bereits gegründeten Kloster Stavelot als Doppelabtei Mittelpunkt eines reichsunmittelbaren geistlichen Fürstentums, dessen Grenzen bis auf das Hochplateau des Hohen Venns hinauf reichten. Nicht zuletzt durch Bombardierungen Ende des Zweiter Weltkrieges sind viele historische Gebäude in Malmédy zerstört worden. Die Stadt bietet heute ein weitgehend modernes Bild, in dem die zweisprachig, in französisch und in wallonisch, abgefaßten Straßenschilder auffallen.

Malmédy war lange Zeit eine Stadt, in der es bedeutende Tuch- und Papierindustrie gab, sowie wichtige Gerbereien. Malmédy eignet sich besonders als Ausgangspunkt für Wanderungen in die Täler der Warche, des Bayehon und des Trôs-Marets und durch diese Täler in die Venngebiete bis Baraque-Michel hinauf.

Informationen:
Syndicat d'Initiative, Place de Chatelet 10, B – 4960 Malmédy, Telefon 0032/80/330250.

Monschau

Die alte Tuchmacherstadt Monschau, am Zusammenfluß von Rur und Laufenbach gelegen, bietet mit ihren 300jährigen Fachwerkhäusern in den engen Schluchttälern ein überaus malerisches Bild. Überragt von der alten, ursprünglich von den Herren von Valkenburg errichteten Burg und dem von Alter und Bedeutung her bis heute ungeklärten Ruinenkomplex des Haller ist Monschau einer der beliebtesten und meistbesuchten Fremdenverkehrsorte der ganzen Nordeifel. Das von der Tuchmacherfamilie Scheibler um 1760 gebaute Rote Haus gehört zu den schönsten Profanbauten des Barock im Rheinland.

Für Vennfreunde ist Monschau der ideale Standort. Auf der einen Seiten hat man hier die Abwechslungen und Annehmlichkeiten eines kleinen Fremdenverkehrsstädtchens und auf der anderen Seite Möglichkeiten zu verschiedenen Wanderungen in das Hohe Venn, zumal man von Monschau aus mit dem Bus in die Ortsteile Kalterherberg, Mützenich und Konzen fahren kann. Von hier aus erschließen sich land-

Monschau

schaftlich schöne Venngebiete. Reizvolle Wanderungen von Monschau aus führen ruraufwärts in Richtung Kalterherberg durch das Naturschutzgebiet Gebirgsbach Rur, durch das Perlenbachtal aufwärts zur Perlenbachtalsperre und weiter in die Täler von Schwalm und Fuhrtsbach und durch das Tal des Laufenbachs in das Venngebiet zwischen Mützenich und Konzen.

Informationen:
Monschau Touristik, Stadtstr. 1, 52156 Monschau, Telefon 02472/3300.

Roetgen

Roetgen ist die größte Siedlung unmittelbar am Vennrand. Dank seiner Nähe zu Aachen hat sich der Ort in weiten Bereichen so zum „Wohndorf" entwickelt, daß der dörfliche Charakter kaum noch wahrzunehmen ist. Mit Petergensfeld hat Roetgen einen zur belgischen Nachbargemeinde Raeren gehörenden belgischen Ortsteil, mit Schwerzfeld einen kleinen Ortsteil, der weit vom Dorf entfernt wie auf einer Insel im Wald liegt.

Von Roetgen aus erschließen sich dem Vennwanderer die Venngebiete von Hoscheid bei Fringshaus, die allerdings etwas unwegsam und schwierig zu durchwandern sind sowie Steinleyvenn, Allgemeines Venn und Venn von Kutenhardt. Das Steinleyvenn kann jedoch nur auf den Forststraßen durchwandert werden, da es als D-Zone gesperrt ist; das Allgemeine Venn darf nur mit einem Guide Nature durchwandert werden, da es zur C-Zone gehört. Ein beliebtes Ziel von Roetgen-Schwerzfeld aus ist Reinartzhof (siehe Kapitel „Spuren der Geschichte").

Informationen:
Gemeindeverwaltung, 52159 Roetgen, Telefon 02471/180.

Spa

Die alte Bäderstadt Spa, in der einst Kaiser und Könige zu Gast waren, in deren Bädern der Torf aus dem Hohen Venn zu heilkräftigen Packungen verwendet wurde und die heute als Kurort wie als Stadt einer international bekannten Spielbank (der ältesten in Europa) wieder auflebt, liegt von allen fünf Eckpunkten des Hohen Venns am weitesten vom eigentlichen Hochplateau mit seinen Mooren oder wildromantischen Tälern entfernt. Spa bietet jedoch für den Vennfreund die interessante Möglichkeit in die Luft zu gehen und einen eindrucksvollen Rundflug über das Venn zu machen. Der Flugplatz der Stadt liegt an der Straße von Spa nach Stavelot.

Informationen:
Syndicat d'Initative, 41, Place Royale, B − 4880 Spa,
Telefon 0032/87/772510 und 772519.

Die nachstehend kurz skizzierten Dörfer auf dem Hochplateau oder an seinem Rande sind touristisch für das Hohe Venn von Bedeutung. Auf deutscher Seite sind diese Dörfer Stadtteile von Monschau, auf belgischer Seite gehören sie zu den Gemeiden Bevercé, Elsenborn, Jalhay und Robertville. Allen Dörfern im Bereich des Hohen Venns, gleichgültig ob auf deutscher oder auf belgischer Seite, ist ein Charakteristikum eigen: sie werden durch die typischen Windschutzhecken geprägt. Diese Windschutzhecken bestehen in der Regel aus Rotbuchen (Fagus silvestris), nicht wie oft in Prospekten angegeben aus Hainbuchen (Carpinus betulus), da die Hainbuche nicht höher als etwa 450 Meter über NN hinaufsteigt.

Windschutzhecke in Monschau-Höfen

Auf deutscher Seite spricht man geradezu vom Monschauer Rotbuchenheckenland. Diese Windschutzhecken stehen auf der West-,
manchmal auch noch auf der Nordseite der Anwesen. Im Laufe der Jahre werden die Hecken nicht nur regelmäßig geschnitten, sondern ihre
Äste werden auch ständig so ineinander verflochten, daß die Hecken
dicht wie eine Mauer werden. Der Schutzeffekt wird noch verstärkt dadurch, daß die Rotbuche ihr Laub erst spät abwirft. Soweit sie im
Heckenverband steht, behält sie ihr Laub sowieso noch länger. In der
Regel läßt man im Laufe mehrerer Generationen die Hecken so hoch
wachsen, daß sie die Firsthöhe der dahinter stehenden Gebäude erreichen. Oft kann man sehen, daß in die Hecken nicht nur Toreinfahrten
hineingeschnitten oder -geflochten sind, so daß früher Heu- und Ernte-
wagen zum Hof gelangen konnten. Man kann auch beobachten, daß
sehr akkurat Fensteröffnungen in die Hecken geschnitten sind, damit
es in den Stuben der Häuser nicht zu dunkel wird.

Eine ganz andere Art von Hecken findet man dagegen bei den Viehweiden. Auch sie sind meist Rotbuchenhecken. Doch werden diese
Hecken auf einer Höhe von 1,5 bis höchstens zwei Metern gehalten,

also gerade so hoch, daß das Weidevieh dahinter Windschutz hat. Lediglich alle paar Meter läßt man einen Baum hochwachsen, die sogenannte Schopfbuche. Diese Schopfbuchen sollen einmal Schatten auf die Weiden werfen, zum anderen waren und sind sie bis heute wichtige Brennholzquellen.

Die alten Venndörfer auf deutscher und auf belgischer Seite des Hohen Venns unterscheiden sich allerdings architektonisch ganz wesentlich. Wo noch alte Bauernhäuser vorhanden sind, kann man das sehr deutlich erkennen. In den deutschen Venndörfern waren die Bauernhäuser im Stil der Nordeifeler Bauernhäuser gebaut. Das heißt, in der Regel gab es ein langgestrecktes Gebäude mit im Westen, der Wetterseite, tief heruntergezogenem Dach. Dieses Dach war ursprünglich ein Strohdach. Gebaut waren die Häuser aus Lehmflechtfachwerk. Die Scheuneneinfahrt mit eckigem Scheunentor lag oft etwas zurückversetzt auf der Westseite.

Demgegenüber baute man in den belgischen Venndörfern die Häuser ursprünglich im Ardennenhausstil. Das heißt, die Häuser waren massiv aus Bruchstein gebaut und hatten eine rundbogige Scheuneneinfahrt. In Kalterherberg, das dem Verbreitungsgebiet des Ardennenhauses am nächsten liegt, kann man interessanterweise beide Hausformen nebeneinander entdecken, zumal Kalterherberg von den Zerstörungen des Zweiter Weltkrieges weitgehend verschont blieb.

Leider hat der Zweiter Weltkrieg in den Venndörfern auf beiden Seiten viel alte Bausubstanz vernichtet. Lediglich in Kalterherberg und in Mützenich sind noch verhältnismäßig viele alte Häuser erhalten geblieben. Doch sind wiederum viele von ihnen später der Spitzhacke zum Opfer gefallen, da die kleinen, niedrigen Stuben in diesen Häusern nicht mehr modernen Wohnansprüchen genügten. Außerdem hat man teils aus zweifelhaftem Schönheitssinn, teils aus Zweckmäßigkeitsüberlegungen heraus manche schöne Fachwerkfassade mit Eternit oder anderem häßlichem Kunststoff verkleidet.

Die deutschen Venndörfer:

Kalterherberg

Das langgestreckte Straßendorf Kalterherberg, auf der Höhe zwischen den Tälern von Rur und Perlenbach gelegen, hat einen im Rurtal liegenden und zu Belgien gehörenden Ortsteil, Küchelscheid. Es bietet heute noch eine Reihe schöner alter Bauernhäuser, davon einige noch mit Strohdach. Die um die Jahrhundertwende gebaute Kirche ist mit ihren beiden Türmen als „Eifeldom" ein weithin sichtbares Wahrzeichen. Kalterherberg ist Grenzort mit Straßenübergang nach Belgien. Außerdem gehört zu Kalterherberg die Siedlung Ruitzhof, die als deutsche Exklave nur über belgisches Territorium erreichbar ist.

Kalterherberg, das von Monschau aus mit dem öffentlichen Bus erreichbar ist, bietet sich dem Vennbesucher an für langgezogene Wanderungen durch das Schwarzbachtal zum Bergervenn, zum Venn von Clefay und nach Baraque-Michel. Die Wanderung ist allerdings nur mit Führer möglich, da sie durch C-Zonengebiet führt.

Beliebt sind Ausflüge von Ruitzhof aus zur Richelsley (siehe Kapitel „Natur zum Anfassen") und dem Kreuz im Venn. Auf der anderen Seite bietet sich von Kalterherberg das obere Perlenbach und Schwalmbachtal für reizvolle Wanderungen an. Rundwandermöglichkeiten in diesem Bereich sind allerdings durch die Zugangsverbote zum Truppenübungsplatz Elsenborn eingeschränkt. Außerdem ergeben sich außerhalb der deutschen Feier- und Ferientage tageweise Behinderungen auch im deutschen Bereich, wenn auf dem Truppenübungsplatz Elsenborn Scharfschießübungen stattfinden.

Auskünfte: Monschau Touristik (siehe oben).

Konzen

Die älteste Siedlung auf deutscher Seite am Rande des Hohen Venns. Das Dorf, das aus einem fränkischen Königshof hervorgegangen ist, bietet sich als Ausgangspunkt ins Hohe Venn an, wobei die erreichbaren Vennstücke allerdings nur mit Guide Nature durchwandert werden können, da sie zur C-Zone gehören. Außerdem kann man von Konzen aus das Venn von Hoscheid und das Eicherscheider Venn entlang der B 258 zwischen Konzen und Fringshaus erwandern.

Aus den Vennwiesen im Bereich von Konzen kommt der nach Monschau zur Rur fließende Laufenbach. In den 30er Jahren dieses Jahrhunderts wurde das sogenannte Hatzevenn westlich des Laufenbaches kultiviert. Es entstanden dort die Hatzevennhöfe.

Informationen: Monschau Touristik (siehe oben).

Mützenich

Wie Kalterherberg kam auch Mützenich weitgehend ohne Schaden über den Zweiter Weltkrieg. Das Dorf hat noch viele schöne alte Häuser, besonders schöne Windschutzhecken und als Charakteristikum

41

zahlreiche aus lose aufeinandergefügten Feldsteinen bestehende niedrige Mauern um die Viehweiden beim Dorf herum. Die Bauern von Mützenich haben hier jahrzehntelang die Steine, die alljährlich der Frost aus dem Boden brachte, aufgesammelt und aufgeschichtet. So bekam man das Land steinfrei und konnte für das Weidevieh einen Windschutz schaffen, eine wichtige Verbesserung des Kleinklimas.

Mützenich ist ein idealer Standort für viele Vennwanderungen. Auf der einen Seite liegt das Brackvenn nahe, man kann über den Herzogenhügel oder am Sporbach entlang zur Hill und weiter nach Baraque-Michel wandern. Hillabwärts führt der Weg nach Eupen. Auf der anderen Seite bieten sich wunderschöne Wandermöglichkeiten vom Stehlings, dem mit 665 Metern höchsten Punkt auf der deutschen Seite des Hohen Venns zum Steinleyvenn an, das man jedoch nur auf Forststraßen durchqueren kann, weiter nach Roetgen oder zur Wesertalsperre. Mit Guide Nature kann man das zur C-Zone gehörende Allgemeine Venn erwandern.

Unmittelbar an der Grenze gelegen war Mützenich in den Jahren zwischen 1945 und 1948 (Währungsreform) bekannt als Dorf der Kaffeeschmuggler. Die Grenzlage hatte gerade für Mützenich besonders einschneidende Folgen. Ihren gesamten Wald hatten die Mützenicher an Belgien verloren. Die Belgier gestatteten zwar den Mützenichern, in diesem unter belgischer Sequesterverwaltung stehenden Wald Holz zu schlagen und nach Mützenich zu schaffen, aber die deutschen Behörden erlaubten aus Prinzip den Mützenichern nicht die Einfuhr des eigenen Holzes. Die Mützenicher waren also praktisch jahrelang gezwungen, in ihrem eigenen Wald ihr eigenes Holz zu „klauen", wie es ein erboster Mützenicher damals formulierte.

1949 entlud sich dann die Wut der Mützenicher über die borniette deutsche Verwaltung. Die Mützenicher – damals noch Bürger einer politisch selbständigen Gemeinde – setzten ihren Gemeinderat ab und suchten den Anschluß an Belgien. Durch ein für die damalige Zeit bemerkenswertes Zusammenarbeiten des belgischen Außenministers Spaak und des nordrhein-westfälischen Ministerpräsidenten Karl Arnold konnte das Problem Mützenich gelöst werden. Mützenich blieb deutsch, auch wenn es bis heute praktisch eine Exklave ist, da zwischen Mützenich und dem übrigen deutschen Territorium der zu Belgien gehörende Bahnkörper der sogenannten Vennbahn liegt (siehe Kapitel „Vennbahn").

Informationen: Monschau Touristik (siehe oben).

Die belgischen Venndörfer:

Elsenborn

Mit dem Dorf Elsenborn selber wird der Vennwanderer oder -besucher in der Regel kaum in Berührung kommen, da es durch den Truppen-übungsplatz vom touristisch interessanten Venngebiet getrennt liegt. Dagegen gehören beachtliche Venngebiete bis zum oberen Rurtal, aber ebenso das Gebiet von Schwalmbach und Krokkesbach zur Gemeinde Elsenborn. Für den Vennfreund interessant ist der kleine Flugplatz auf dem Gebiet des Truppenübungsplatzes Elsenborn. Am Wochenende besteht hier die Möglichkeit zu Rundflügen über das Hohe Venn. Der Flugplatz liegt unmittelbar am Rande der Straße von Monschau–Kalterherberg nach Elsenborn.

Hockai

Das typische Venndorf an der Hoegne, halbwegs zwischen Spa und der Botrange gelegen, ist ein günstiger Ausgangspunkt, um über die soge-nannte Vekée (siehe Kapitel „Spuren der Geschichte") nach Baraque-Michel zu wandern. Außerdem erschließt sich von hier das landschaft-lich sehr schöne Hoegne- und Poleurtal zum Hochplateau hinauf. Dabei gibt es zahlreiche kleine Vennstücke zu besuchen, die in den Wald eingestreut sind.

Jalhay

Am Rande des Hertogenwaldes und am Fuße des Hochplateaus des Hohen Venns ist das Dorf Jalhay ein für das Gebiet des Hohen Venns wichtiger Ort. Von hier aus erschließen sich die weiten Waldgebiete des Hertogenwaldes mit der Gileppetalsperre. Man kann herrliche Wanderungen durch die Täler der Gileppe wie der Soor machen und auf die Hochfläche in die weiten, einzigartig schönen Venngebiete des Grande Fagne und des Hohen Moores wandern. Beide Venngebiete sind als C-Zone allerdings nur mit Führer zugänglich.

Auf dem Gemeindegebiet von Jalhay liegt der touristische Mittel-punkt des Hohen Venns, die Baraque-Michel (siehe Kapitel „Spuren der Geschichte").

Longfay

Das kleine Dorf mit vielen alten bruchsteingemauerten Ardennenhäusern hinter gepflegten Windschutzhecken liegt nahe dem oberen Bayehonbach am Südrande des Hohen Venns. Von hier aus erreicht man die beiden Besonderheiten Tschâne as Tschânes, die vielhundertjährige Eiche (siehe Kapitel „Natur zum Anfassen") und die Cascade de Bayehon. Nahe der Tschane as Tschane findet man ein Venngebiet mit einem der letzten Wacholderbestände des Hohen Venns. Außer für Wanderungen durch das Bayehontal mit der an der Straße zwischen Longfay und Ovifat gelegenen romantischen alten Bayehonmühle eignet sich der Ort als Ausgangspunkt für Wanderungen ins Venn von Neur-Lowé, Setay und Fraineu.

Mont

Das Dorf liegt auf der Höhe am südlichen Vennrand über dem Talkessel von Malmédy. Von Mont aus ist einerseits das wildromantische Tal des Trôs-Marets-Baches zugänglich. Zum anderen liegt es günstig für Ausflüge in zahlreiche kleine, unberührte Vennstücke, die im nördlich und westlich angrenzenden Wald eingestreut sind. Es sind dies vor allem das Venn von Nampîre, die Vennstücke Duzos-Moûpa, Fraineu.

Ovifat

Am südlichen Vennrand über dem Bayehontal liegt das kleine Dorf Ovifat, das sich schon früh einen Namen als Wintersportort gemacht hat. Seit langem gibt es hier ein ins Bayehontal hineinreichendes Alpinskigelände mit Schlepplift. Doch nicht nur die Benützung des Liftes, schon das Betreten und Benützen des Geländes sind gebührenpflichtig!

Für den Vennbesucher hat Ovifat Bedeutung als Ausgangspunkt für Wanderungen ins Warchetal mit der wiederaufgebauten Burg Reinhardstein (siehe Kapitel „Spuren der Geschichte") sowie des Wallonischen Venns, das allerdings weitgehend als C-Zone ausgewiesen und daher nur mit Führer zugänglich ist.

Solwaster

Am südwestlichen Vennrand nahe der Statte gelegen ist das Dorf Solwastere interessanter Ausgangspunkt, um von hier aus durch die Täler

von Statte und Sawe auf das Hochplateau zu wandern und dabei die ur-
wüchsigen Venngebiete von Wihonfagne und dem Grande Fagne zu erleben. Im Tal der Statte stößt man auf den sogenannten Dolmen, einen
mächtigen Quarzitblock (siehe Kapitel „Natur zum Anfassen"). Auf dem
gegenüberliegenden Ufer der Statte macht der Felsen von Bilisse (siehe Kapitel „Natur zum Anfassen") einen imposanten Eindruck.

Sourbrodt

Touristisch gesehen ist Sourbrodt wohl das wichtigste Dorf auf der belgischen Seite des Hohen Venns, vor allem weil im Sommer Vennbesucher in großer Zahl mit der Vennbahn (siehe Kapitel „Vennbahn") nach
Sourbrodt kommen. Das Dorf entstand im 17. Jahrhundert nahe dem
Ursprung der Rur durch Zusammenfluß von Großer und Kleiner Rur
beim Ortsteil Bosfagne. Während das Oberdorf von Sourbrodt rein wallonisch ist, wird im Unterdorf viel deutsch gesprochen. In Sourbrodt
steht das Denkmal für den Pfarrer Pietkin (siehe Kapitel „Spuren der Geschichte"). Mit seinen alten Bruchsteinhäusern im Ardennenhausstil und
den typischen Windschutzhecken aus Rotbuchen ist Sourbrodt ein inter-

Das Dorf Sourbrodt

45

essantes Dorf. Von hier aus lassen sich die Vennstücke des Rurvenns ebenso wie die des Wallonischen Venns erwandern. Hierher kann man allerdings weitgehend nur mit Führer kommen. Auch die Venngebiet von Neur-Lowé und Setay an der Straße von Mont Rigi nach Malmédy sowie das Naturparkzentrum Botrange (siehe Kapitel „Naturschutz und Wandern") und die Höhe der Botrange sind nicht weit entfernt.

Xhoffraix

Das kleine Dorf mit seinen typischen Ardennenhäusern und Windschutzhecken liegt am Südrande des Hohen Venns. Es bietet sich als Ausgangspunkt für Wanderungen an, sowohl ins Tal des Bayehon wie der Warche als auch in die Venngebiete von Fraineu, Nampîre, Setay und Neur-Lowé.

Informationen: Auskünfte touristischer Art über die belgischen Venndörfer bekommt man beim Verkehrsamt der Ostkantone, Mühlenbachstr. 2, B – 4780 St. Vith, Telefon 0032/80/227664.

Land- und Forstwirtschaft im Hohen Venn

Höhenlage, Klima und Bodenqualität einer Landschaft sind die bestimmenden Faktoren für die Art der Landwirtschaft. Im Hohen Venn bedeutet das, daß die Landwirtschaft in erster Linie Viehzucht, das heißt Milchviehwirtschaft ist. Soweit früher daneben auch Ackerbau betrieben wurde, geschah das nur für den eigenen Bedarf. Es wurden Kartoffeln angebaut, kleine Flächen mit Hafer, Gerste oder Roggen bestellt.

Diese Landwirtschaft konnte in den seltensten Fällen die früher ohnehin größeren Familien ernähren. Sie mußte also als Nebenerwerbslandwirtschaft betrieben werden. Die Männer waren noch zu Beginn dieses Jahrhunderts als Arbeiter in Aachen oder Stolberg, Verviers oder Lüttich tätig, legten den Weg zwischen Heimatdorf und Arbeitsplatz häufig sogar zu Fuß zurück. Das bedeutete natürlich, daß sie nur am Wochenende daheim sein konnten. Unterdessen mußten Frauen und Kinder die Landwirtschaft versorgen.

Diese Form der Landwirtschaft ist heute weitgehend verschwunden. In manchen Venndörfern gibt es überhaupt nur noch wenige Landwirte. Häufig werden nicht mehr genutzte, weit ab vom Dorf gelegene Talwiesen aufgeforstet – mit Fichten natürlich, weil sie am schnellsten einen Gewinn erwarten lassen. Dadurch sind noch in den letzten Jahrzehnten manche Täler am Vennrand, wie etwa das Perlenbachtal (Schwalmtal) stark verändert worden. Auf deutscher Seite ist man in den letzten Jahren daran gegangen, manche Talabschnitte zu renaturieren. Die Nordrhein-Westfalen-Stiftung kauft solche Flächen auf, läßt den Fichtenbestand beseitigen, um die ursprüngliche Talwiesenlandschaft wieder herzustellen.

Noch in diesem Jahrhundert hat es zwei große Projekte gegeben, bei denen Moorlandschaft des Hohen Venns urbar gemacht und landwirtschaftliche Betriebe angesiedelt wurden. In den 30er Jahren führte der damalige Reichsarbeitsdienst im Hatzevenn zwischen Mützenich und Konzen eine solche Maßnahme durch, wobei landwirtschaftliche Nutzflächen für rund zehn Betriebe geschaffen wurden. Diese Betriebe im Hatzevenn sind auch heute noch voll genutzte landwirtschaftliche Betriebe.

Die zweite solche Maßnahme wurde in den 60er Jahren im Grande Fagne nahe Belle Croix durchgeführt, wo landwirtschaftliches Nutzland für fünf Höfe geschaffen wurde. Hier siedelte man unter anderem die Familien an, die bis dahin die Höfe von Reinhartzhof bewohnt hatten (siehe Kapitel „Spuren der Geschichte").

In früherer Zeit, die bis Anfang der 70er Jahre dieses Jahrhunderts ging, wurde das Hohe Venn mit seinen Mooren, Pfeifengras- und Heideflächen sowie seinen Wäldern von den Menschen noch ganz anders, viel intensiver genutzt als heute, wo lediglich noch die normale Forstwirtschaft geblieben ist. Man nutzte das Vennland zunächst einmal als Brennstofflieferant. Im Sommer wurde Torf gestochen, der dann monatelang trocknen mußte, ehe man ihn heimfahren und in der Scheune einlagern konnte. Jedes Dorf hatte sein Venngebiet, in dem die Bevölkerung Torf stechen konnte. Heute erinnern noch Namen wie Eicherscheider Venn oder Steckenborner Venn daran, daß selbst aus Dörfern, die weit weg lagen vom Moor, die Bewohner zum Torfstechen ins Venn kamen. Die letzten Torfstecher im Hohen Venn konnte man noch bis Anfang der 70er Jahre am Drello im Bereich des Wallonischen Venns bei der schweren Arbeit beobachten.

Eine andere, früher wichtige Nutzungsart war die Streuwertgewinnung. Pfeifengras und Heidekraut wurden mit kurzen starken Sensen geschnitten, getrocknet und als Einstreu (Streuwert) für den Stall heimgeschafft.

Auch als Viehweide mußte die offene Vennlandschaft herhalten, vor allem dort, wo auf trockenerem Boden geeignete Futterpflanzen, insbesondere Gräser wuchsen. Schafe, aber auch Rinder wurden zum Weiden ins Venn getrieben, die Hirten lagerten dann an erhöhten Punkten, von wo aus sie ihre Tiere beobachten konnten. Der bekannteste und markanteste dieser Hirtenlagerplätze ist der „Vier Buchen" genannte Platz an der Oberen Rur im Wallonischen Venn. Da, wo sich Eichenwälder erhalten hatten, wie etwa im Hertogenwald, wurden natürlich auch Schweine zur Eichelmast in die Wälder getrieben.

Der Wald selber wurde als Holzlieferant genutzt. Wobei die Waldarbeiter mitunter in primitiven kleinen Stein- oder Torfhütten hausten, weil der Weg täglich zum Dorf zu weit war. Hin und wieder findet man noch die bescheidenen Überreste solcher Steinhütten.

Da es vielfach nicht möglich war, durch das nasse Gelände an die Torfstiche heranzukommen, mußte mit dem Abtransport des gestochenen Torfes manchmal gewartet werden, bis im Winter der Boden so hart gefroren war, daß er einen Wagen oder einen Schlitten tragen konnte. Das gleiche galt für den Abtransport des geschlagenen Holzes. Moderne Forststraßen durchziehen heute die Wälder im Hohen Venn. Auf ihnen fahren die Waldarbeiter mit ihren Wagen zum Arbeitsplatz, wo sie nach betriebswirtschaftlich erstellten Forstbetriebsplänen ihrer Arbeit nachgehen und am Nachmittag wieder nach Hause fahren.

Torfstich

Spuren der Geschichte im Hohen Venn

Alte Grenzsteine

Ob das Hohe Venn nun zu den Ardennen oder zur Nordeifel gehört oder ob es ein eigenständiges Mittelgebirge ist, spielt hier keine Rolle. In jedem Fall bildet es ein markantes Mittelgebirgsmassiv gegen das belgische Flachland und das Aachener Becken hin. Und damit war es seit jeher prädestiniert dafür, Grenze zu sein.

Schon zur Römerzeit trafen sich auf dem Hochplateau die Grenzen der römischen Civitates (Stadtgebiete) von Köln und Tongeren. Aus den Stadtgebieten, die im Hohen Venn aneinander grenzten, wurden später die Kirchenprovinzen, wobei anstelle von Tongeren bereits im frühen Mittelalter Lüttich trat. Aus der Kirchenprovinz Lüttich wurde das Fürstbistum. Seine Grenzen trafen hier oben auf die der Reichsabtei Stavelot-Malmédy, der Herzogtümer Limburg und Luxemburg. Limburg und Luxemburg gehörten später zu den Spanischen Niederlanden, zu Österreich. An die Stelle der Kölner Erzbischöfe traten als Territorialherren, deren Gebiet ins Venn reichte, die Herzöge von Jülich.

Nach dem Wiener Kongreß kamen Jülich und Luxemburg zu Preußen, Limburg, Lüttich und Stavelot-Malmédy an die Niederlande. 1830 trennte sich Belgien von den Niederlanden. Nun grenzte Belgien an Preußen, das später im Deutschen Reich aufging. Verschoben zwar nach zwei Weltkriegen, blieb dennoch die deutsch-belgische Grenze im Hohen Venn bestehen.

Aus der Römerzeit sind keine Grenzzeichen mehr erhalten. Nur das Wissen blieb bestehen, welche Bäche und Flüsse im Hohen Venn Grenzflüsse zwischen welchen Territorien waren (siehe Kapitel „Gewässer"). Später dann pflegten die Territorialherren steinerne Grenzmarkierungen zu setzen und mit ihren Emblemen zu versehen. Einigen davon begegnet man noch bei Wanderungen im Hohen Venn.

Am häufigsten findet man jene 140 Zentimeter hohen, sechskantigen Grenzsteine, die auf der einen Seite ein B für Belgien und auf der anderen ein P für Preußen tragen sowie eine Nummer. Es sind die Steine, die die belgisch-preußische Grenze markierten. 1839 wurden sie errichtet. Zwischen dem BP-Stein Nr. 157 bei den „Drei Steinen" an der Hill und dem BP-Stein Nr. 141 nahe dem Eau-Rouge-Bach sind die meisten dieser Säulen noch erhalten.

FICI-Steine. Zwei Steine, einer bei der Verdte Fontaine und der andere nahe dabei am Brochepierre am Rande des Venns von Deux-Series, tragen auf der einen Seite die Buchstaben FI, auf der anderen CI. Alter der Steine und Bedeutung der Buchstaben sind unklar. Möglicherweise bedeuten die Buchstaben FI soviel wie Forêt Imperiale (Hertogenwald, Herzogtum Limburg im Österreichischen Kaiserreich) und CI Communauté de Jalhay (Reichsabtei Stavelot-Malmédy). Danach könnten die Steine 1742 oder 1744 errichtet worden sein. Sie könnten aber auch Grenzmarkierungen der Grenze Lüttich–Stavelot-Malmédy gewesen sein. Dann könnte FI bedeuten Franchimontesi Jurisdictio (Franchimont liegt bei Lüttich) und CI Conventualis Jurisdictio. Jurisdictio bedeutet in diesem Zusammenhang soviel wie Rechtsprechungsgebiet, Rechtsgebiet oder Hoheitsgebiet, Conventualis bezieht sich auf den Konvent, das (Doppel)kloster Stavelot-Malmédy.

K-Steine. Einer steht nahe der Quelle des Klüserbaches, der andere etwa 200 Meter westlich des Miesbaches. K steht hier für Kalterherberg. Die Steine haben das Gebiet markiert, in dem die Kalterherberger Bauern einst Weiderechte hatten.

Maria-Theresien-Steine. Verschiedene Grenzsteine, deren obere Kante leicht abgerundet ist, finden sich im Venngebiet. Sie tragen auf der einen Seite die Inschrift LIMB und auf der anderen LUX. Diese Steine sind das Ergebnis einer Grenzbegehung zwischen den im Hohen Venn umstrittenen Territorien der Herzöge von Limburg und denen von Luxemburg, die beide zum Habsburger Reich gehörten. Die Grenzfestlegung erfolgte auf Veranlassung der Kaiserin Maria-Theresia 1756. Wo die Grenzen der beiden Herzogtümer mit denen der Reichsabtei Stavelot-Malmédy zusammentrafen, wurde der sogenannte Dreikantenstein errichtet. Er trägt auf zwei Seiten die Inschriften LIMB und LUX und auf der dritten Seite das Wort STAVELOT. Er steht am rechten Rande der Straße zwischen Botrange und Mont Rigi, etwa 100 Meter von Botrange entfernt am Beginn der heute noch im Volksmund Maria-Theresien-Allee genannten Waldschneise.

KNWB-Stein. An der Oberen Hill steht ein dreikantiger Stein, der auf einer Seite die Buchstaben KN, auf einer W und auf der dritten B trägt. Er markierte von 1815 bis 1830 die Grenze zwischen dem Königreich der Niederlande und Preußen, zu dem die hier zusammentreffenden Gemeinden Weismes und Büttgenbach gehörten. Dieser KNWB-Stein ist einer der sogenannten Drei Steine, die auf den Karten an der Oberen Hill verzeichnet sind. Der zweite ist ein BP-Stein und der dritte ein wenig entfernt am Waldrand stehender Maria-Theresien-Stein.

Tranchot-Stein. Dieser 80 Zentimeter hohe Stein hinter dem Baltiahügel auf der Botrange wurde von dem französischen Vermessungsingenieur Jean-Jaque Tranchot errichtet, der im Auftrage Napoleons zwischen 1803 und 1807 eine Karte über das Hochplateau des Hohen Venns zeichnete. Er ist also streng genommen kein Grenzstein.

Alter Grenzstein an der Hill

Wegekreuze

Grenzen im Hohen Venn wurden allerdings nicht nur durch Wasserläufe oder Grenzsteine markiert, eines der bekanntesten Wegekreuze im Hohen Venn, das **Priorskreuz,** wurde ebenfalls als Grenzzeichen errichtet. 1566 ließ der Prior (daher der Name) des Klosters Malmédy dieses Kreuz wenige hundert Meter östlich von Baraque-Michel in Richtung Hilltal errichten. Das Kreuz ist im Laufe der Zeit mehrfach erneuert worden. Es steht in einem typischen Torfmoorstück und ist im Frühsommer von dichten Wollgrasbeständen umgeben.

Grenzsteine sind Erinnerungen an politische Geschichte. Doch Geschichte war und ist nicht nur politisch. Alles, was jetzt geschieht, ist im nächsten Augenblick schon Geschichte. Auch private, ganz persönliche Geschehnisse oder Schicksale gehören dazu. Erinnerungen an solche Augenblicke der Geschichte sind die zahlreichen Wegekreuze, die teils an heute noch erkennbaren Wegrändern stehen, teils aber auch im Wald oder im Moor, da, wo vielleicht früher einmal ein Weg oder eine Straße vorbeiführte. Die markantesten dieser Wegekreuze, die fast alle Unglückskreuze sind, sollen nachstehend kurz aufgeführt werden.

Amerikaner-Kreuz. Am westlichen Rande des markanten Waldstückes Oneux im Wallonischen Venn stürzte 1945 ein amerikanisches Flugzeug ab und bohrte sich in den Boden. Dabei entstand jene Vertiefung, die heute als wassergefüllter Tümpel so gut in die Landschaft zu passen scheint. Am Rande dieses Tümpels wurde 1962 zur Erinnerung an die hier ums Leben gekommenen amerikanischen Piloten das Kreuz errichtet.

Arnoldkreuz. Dieses Kreuz steht am alten Pilgerweg zwischen Reinartzhof und dem Stehlings. Es erinnert an den plötzlichen Tod des Arnold Müllenmeister aus Konzen an dieser Stelle 1767. Zweimal wurde das Kreuz durch Vennbrände zerstört, 1911 und 1947. Beide Male wurde es erneuert.

Bilfinger-Kreuz. Es steht nur 150 Meter vom Arnoldkreuz entfernt an der Stelle, an der der deutsche Kriegspilot Horst Bilfinger aus Mannheim beim Absturz seiner Maschine ums Leben kam und in der sich tief in den Moorboden bohrenden Kanzel begraben wurde.

Belle Croix. Unübersehbar steht dieses Monument an der Kreuzung der Straße Baraque-Michel–Jalhay und Eupen–Malmédy. 5,50 Meter hoch wurde es an der Stelle des geheimnisumwitterten einstigen Schusterhauses errichtet (siehe Kapitel „Alte Gebäude"). Die Bildtafeln, die unter dem Gedenkkreuz auf dem Steinsockel angebracht sind, erinnern an dieses Schusterhaus.

Priorskreuz

Offermann-Kreuz

Kreuz im Venn

Kreuz der Verlobten

53

Braun-Neicken-Kreuz. Dieses Kreuz ist eine Erinnerung an den untergegangenen Reinart, wie Reinartzhof auch genannt wurde. 1918 wurde es 150 Meter nördlich des heute nicht mehr bestehenden Unterhofes durch die damals dort wohnende Familie Braun-Neicken errichtet.

Briamont-Kreuz. 100 Meter nordwestlich der Brücke über den Poleurbach in der Gemarkung Beaulou erinnert dieses Kreuz an den Vennwanderer Albert Briamont, der hier plötzlich im Alter von 69 Jahren an einem Herzschlag starb.

Caspar-Kreuz. An der Straßenkreuzung von Mont Rigi erinnert dieses Kreuz an den Bauern Jean-Joseph Caspar aus Longfaye, der hier am 6. Juni 1873 im Alter von 73 Jahren vom Blitz erschlagen wurde.

Christiane-Kreuz. Auch dieses Kreuz gemahnt an einen Tod durch Blitzschlag. 1939 wurde auf der alten Straße von Sourbrodt nach Ternell im Wald von Clefay L. Christane durch den Blitz getötet.

Cuvelier-Kreuz. Am 9. Oktober 1970 stürzte eine auf dem kleinen Flugplatz Elsenborn beheimatete Privatmaschine auf dem Rückflug von Charleroi in Südbelgien im dichten Nebel über dem Wald von Herbofaye nahe dem Poleurvenn ab. Die drei Insassen Cuvelier, Hilgers und Müller kamen ums Leben.

Gazon-Kreuz (Jean-Joseph). Das Kreuz steht nahe Mont Rigi am Straßenrand nördlich der nach Baraque-Michel führenden Straße und erinnert an den plötzlichen Tod von Jean-Joseph Gazon aus Sourbrodt am 22. Dezember 1856.

Gazon-Kreuz (Olivier). Nahe dem Dreikantenstein an der Straße von Botrange nach Mont Rigi steht dieses Kreuz zur Erinnerung an Olivier Gazon aus Sourbrodt, der hier am 23. Februar 1822 im Schneesturm ums Leben kam. Der Tod ereilte damals den Mann auf benachbartem niederländischem Territorium. Um behördlichen Schwierigkeiten der Bürokratie zu entgehen, ließen die Verwandten den Leichnam jedoch einige Meter weiter auf preußischem Gebiet „finden".

Grisard-Kreuz. Von Wilderern ermordet wurde der Förster Theodor Grisard aus Jalhay als „Förster der Wälder Seiner Majestät des Kaisers und Königs". Der Mord an dem in österreichischen Diensten stehenden Förster ereignete sich an der Stelle, an der das Kreuz steht nahe der Chêne de Rendezvous im Wald von Gotsquette nahe der Gileppetalsperre.

Jansen-Kreuz. An dieser Stelle starb der Waldarbeiter Christian Jansen aus Rollesbroich plötzlich am 27. Juli 1872. Das Kreuz steht an der Gethevaerde genannten Fuhrt durch die Getz am Rande des Kutenhardtvenns.

Köhler-Kreuz. Es ist wie das Priorskreuz ein Wegekreuz, das nicht an einen Unfall gemahnt. Dieses Köhler-Kreuz steht im Wald von Coreu-Gilmester nahe der Gileppe und erinnert an die früher hier häufig anzufindenden Köhlereien.

Linon-Kreuz. Dieses sehr schöne Kreuz nordwestlich der Straße Eupen–Roetgen (siehe Kapitel „Alte Straßen") erinnert halbwegs zwischen dem Vennkreuz und dem Brandturm von Petergensfeld an den plötzlichen Tod des Jean-Toussaint Linon am 25. Februar 1737.

Kreuz im Venn. Es wurde zum Wahrzeichen des Hohen Venns ebenso wie zum Titel eines Heimatromans der Schriftstellerin Clara Viebig, „Das Kreuz im Venn". Imposant erhebt sich die eiserne Konstruktion des Kreuzes sechs Meter hoch auf dem Konglomeratfelsen der Richelsley (siehe Kapitel „Natur zum Anfassen"), 800 Meter südwestlich vom einstigen Kloster Reichenstein. Es wurde 1890 durch den Kalterherberger Pfarrer Arnoldy errichtet zur Erinnerung an Stefan Horrichem, 1639 bis 1686. Stefan Horrichem war Abt des Klosters Reichenstein und wurde in der Bevölkerung „Apostel des Hohen Venns" genannt. Im Felsen wurde ein Lourdes-Grotte nachgestaltet mit einer Madonna, die immer noch ein vielbesuchtes Wallfahrtsziel vor allem von Kalterherberg aus ist.

Meyers Kreuz. Am Rande der Straße Eupen–Monschau steht dieses schon im Vorbeifahren auf der rechten Seite auffallende Kreuz. Es erinnert an den Meyer, den Schöffen am Gerichtshof zu Eupen, Thomas Dael, der am 14. August 1713 durch den Eupener Jacob Servais erschlagen wurde. Servais war zu dieser Tat vom Junker Philippe Henri Catz gedungen worden, dem Besitzer der Burg Stockem. Der Mord geschah nahe der Hill am alten Eupender Weg. Das Kreuz wurde dann später an die neue Straße gestellt.

Mockel-Kreuz. Am nördlichen Rande des Venns von Deux-Series, am sogenannten Longue-Haie, steht dieses alte Kreuz auf der einstigen Grenze zwischen Lüttich und Limburg, der heutigen Gemeindegrenze zwischen Jalhay und Membach. Es wurde errichtet nahe der Stelle, an der 1626 der in limburgischen Diensten stehende Förster „Jacob Mockel Foerster alher jamerlich ermordet" wurde.

Offermann-Kreuz. Kommt man auf der B 258 von Roetgen nach Fringshaus herauf, sieht man gleich unterhalb von Fringshaus auf der rechten Seite das Offermann-Kreuz, ein altes Steinkreuz. Es wurde errichtet zur Erinnerung an den Fuhrmann Cornelius Offermann aus Witzerath, der hier schlafend auf seinem Fuhrwerk das Venn durchquerend am 13. August 1774 erschlagen wurde.

Pikray-Kreuz. Pierre Pikray von Solwaster ertrank 1882 im „Les Potales" genannten Teilstück des Venns von Deux-Series nahe Baraque-Michel in einem Moorloch beim Torfstechen. Das Kreuz erinnert daran.

Pilgerkreuz. Im Bereich Grüne Heck steht dieses Kreuz am Rande der Forststraße von Entenpfuhl (Konzen) nach Fringshaus. Hier starb ganz plötzlich Arnold Pilger aus Gemünd auf dem Weg von Imgenbroich nach Eupen am 2. März 1823.

Schumacher-Kreuz. Am Rande der Landstraße von Eupen nach Belle Croix steht das Kreuz zur Erinnerung an Leonard Schumacher aus Weywertz, der hier am 19. August 1835 im Alter von 45 Jahren ermordet wurde.

Venn-Kreuz. Wo sich die alten Wege Eupen–Petergensfeld und Raeren–Reinartzhof kreuzten, wurde anstelle eines sehr alten verschwundenen Kreuzes das heutige Vennkreuz 1949 errichtet mit der Inschrift: Wanderer nütze aus Deine Zeit! Bald wanderst Du in die Ewigkeit.

Kreuz der Verlobten. Das wohl bekannteste Unglückskreuz im Hohen Venn. Am 21. Januar 1871 kamen hier die Verlobten Francois Reiff von Bastogne und Marie Josephe Solheid aus Xhoffraix im Schneesturm ums Leben. Das Drama ereignete sich am Rande der Vekée südlich der Baraque-Michel unmittelbar neben dem BP-Stein Nr. 151. Man nimmt an, daß das Mädchen an der Stelle starb, wo man ihre Leiche am 22. März 1871 fand und wo heute das (mehrfach erneuerte) Kreuz steht. Den Leichnam des jungen Mannes hatte man einige Kilometer weiter bereits am 13. März 1871 gefunden.

Zimmermann-Kreuz. Dieses Kreuz steht am Ufer der unteren Soor zwischen dem Pont Guerrier und dem Pont de Bergscheid zur Erinnerung an Clemens Zimmermann, der 1886 hier plötzlich starb.

Andere Gedenkzeichen im Hohen Venn

Wer mit offenen Augen durch das Hohe Venn wandert oder fährt, findet vielfältige Denkmäler, die zum Teil schon Jahrhunderte alt sind, wie die Hauptmannsäule oder die Panhaussäule. Als Wegemarkierungen wurden sie errichtet. Andere sind jüngeren Datums, erinnern an Menschen, die sich um das Hohe Venn verdient gemacht haben als Künstler oder Wissenschaftler. Wieder andere mahnen ähnlich wie die meisten Wegekreuze an tödliche Unfälle, die sich im Venn ereignet haben. Die bekanntesten dieser Denkmäler sind die folgenden:

Die Boulté. An der rechten Seite der Straße zwischen Mont Rigi und Baraque-Michel steht etwa 200 Meter vor der Baraque die 4,50 Meter hohe Säule von einem Pinienzapfen gekrönt. Sie wurde 1566 von der gleichen Familie Panhaus-Hauptmann als Wegemarkierung errichtet,

Die Boulté

wie die nachfolgend beschriebenen Säulen Hauptmannsäule und Panhaussäule. Es gibt Anzeichen dafür, daß die Familien Hauptmann und Panhaus, die in der Reformation eine besondere Rolle gespielt haben, mit diesen Säulen protestantischen Glaubensgenossen den Weg zu Versammlungsplätzen wiesen, wo sie zu Predigten unter freiem Himmel zusammenkommen konnten, nachdem die Behörden Kirchen für sie geschlossen hatten.

Hauptmannsäule. 30 Meter südöstlich vom Turm der Botrange steht im Wald noch der Sockel der einstigen Hauptmannsäule. Auf einer Seite des Kalksteinblocks steht in großen Buchstaben:

IN GODES NAME
ZUM GEMEINEN NUTZ
UND WEGH WYSUNG
DEDE MICH MACHEN
BATHOLOMEHS H8A9
V...VON EUPEN
ARNOTLS SUN SCH
EFFEN ZU TRIER
ANNO 1566

Hauptmannsäule

Auf der gegenüberliegenden Seite findet sich die gleiche Inschrift in französisch.
Auf den beiden anderen Seiten steht unter dem Wort

SOURBRODT
SEHLICH IST WER
DEN HERRN FURCHT
UND GEHT AUF
SINE WEGEN
PSAL.IZ

Die gegenüberliegende Seite weist die gleiche Inschrift in französisch auf unter dem Namen LYMBORGH.
Damit war die Funktion der Säule als Wegweiser klar.

Panhaussäule. Auf der linken Straßenseite der Straße von Baraque-Michel nach Belle Croix ließ der Schwiegersohn des Barth. Hauptmann ebenfalls 1566 die nach ihm benannte Panhaussäule errichten. Auf dem tief im Moorboden eingesunkenen Kalksteinsockel kann man in deutsch und französisch die Inschrift entziffern:

IN GODES NAME
ZUM GEMEINE NUTZ
UND WEGH WYSUNG
DED MICH MACHEN
PETER PANHAUS VON
LYMBORGH KAUFMANN
ZU ANTHORF WOHNHAFT
ANNO 1566

Die beiden anderen Seiten tragen unter dem Namen Sourbrodt und Lymborgh ebenfalls in deutsch und französisch die Worte:

(HER) ZEIGE MIR
DINE WEGEN
UND LEHR MIR
DINE FUSSPFADEN
P.S. 24

Leider wurde die Panhaussäule in der letzten Zeit arg demoliert.

Baltiahügel. Die Botrange, des Hohen Venns und Belgiens höchster Punkt, ist von Natur aus 694 Meter hoch. Verständlicherweise hatten die Belgier den Wunsch, der höchste Berg ihres Landes solle doch wenigstens 700 Meter hoch sein. Deshalb ließ der Königliche Kommissar für die Ostkantone, Baron Baltia, 1923 einen Hügel von sechs Metern Höhe anschütten, durch den die Botrange auf eine natürlich mehr symbolische als tatsächliche Höhe von 700 Metern gebracht wurde.

Bonjean-Denkmal. Am Rande des Parkplatzes gegenüber der Baraque-Michel steht das Denkmal für Albert Bonjean (1858 bis 1939). Er war Rechtsanwalt in Verviers und Dichter. Bonjean gilt als der bekannteste und meistgefeierte „Sänger des Hohen Venns". Bonjean gründete 1910 einen ersten Verein zum Schutz des Hohen Venns, aus dem 1935 die Organisation der Amis de la Fagne hervorging.

Fredericq-Denkmal. 1937 wurde am rechten Ufer des Starnionbaches oberhalb seiner Einmündung in den Eau-Rouge das Denkmal in Form einer Bronzebüste auf einem Quarzitblock errichtet. Es erinnert an Baron Leon Fredericq, 1851 bis 1936. Als Professor an der Universität Lüttich hat er den Anstoß für die naturwissenschaftliche Erforschung des Hohen Venns gegeben.

Parotte-Denkmal. Am rechten Rande der Straße von Jalhay nach Belle Croix sieht man den Gedenkstein für Joseph Parotte aus Verviers, der am 6. Dezember 1925 hier im Schneesturm ums Leben kam.

Pietkin-Denkmal. Im Zentrum des Oberdorfes von Sourbrodt steht das imposante Denkmal für den früheren Ortspfarrer von Sourbrodt, Nicolas Pietkin. Pfarrer Pietkin, 1849 bis 1921, war zunächst Pfarrer in Malmédy. Dort wurde er als Verfechter des wallonischen Sprach- und Kulturgutes zum Ärgernis der preußischen Regierung in Berlin während des sogenannten Kulturkampfes. Er wurde strafversetzt nach Sourbrodt. Da das von Pfarrer Pietkin verteidigte Wallonische zum romanischen Kulturkreis gehört, wurde für das Denkmal das romanische Symbol schlechthin gewählt, die römische Wölfin mit Romulus und Remus. Auf dem Sockel des 1926 errichteten Denkmals wurde die Inschrift angebracht: Hier endet die Zivilisation, jenseits beginnt die Barbarei. Da jenseits von Sourbrodt das deutsche Sprach- und Kulturgebiet beginnt, war diese in wallonischer Sprache gehaltene Inschrift eindeutig. 1940 sprengten deutsche Truppen das Denkmal, 1957 wurde es erneut errichtet, allerdings ohne die anstößige Inschrift.

Amerikaner-Denkmal. Im Waldstück Gayetai am Rande des Grande Fagne erinnert dieses Denkmal in Gestalt eines dreiarmigen Flugzeugpropellers auf einem Quarzitblock an den Tod von acht amerikanischen Piloten. Sie kamen am 7. April 1945 ums Leben, als hier über dem Venn ihre beiden Maschinen im Nebel zusammenstießen.

Engländer-Denkmal. Im Wald von Des Rhus zwischen Sawe und Statte erinnert ein Quarzitblock mit einer Bronzeplatte an den Tod von sieben englischen Piloten. Sie kamen bei einer Notlandung und anschließenden Explosion ihrer Maschine 1943 ums Leben.

Italiener-Denkmal. Zwischen 1950 und 1953 wurde im Soortal ein Staudamm und ein Tunnel unter dem Hertogenwald zur Gileppe hinüber gebaut, um der Gileppetalsperre Soorwasser zuleiten zu können. Bei den Bauarbeiten pflegten die Arbeiter, darunter viele Italiener, abends durch den Tunnel zu gehen. Dabei ereignete sich am 8. Juli

Das Pietkin-Denkmal in Sourbrodt

1952 ein schweres Unglück. Nach einem heftigen Gewitter im Venn drang eine Flutwelle in den Tunnel ein, wobei sieben Italiener und ein Belgier ertranken. An dieses Unglück erinnert eine Gedenktafel an einem großen Quarzitblock neben dem kleinen Stausee, wenige Schritte von der Forststraße entfernt.

Preußische Meilensteine. In Konzen wie am Ortseingang von Roetgen, wenn man von Fringshaus herunterkommt, stehen jeweils am rechten Straßenrand zwei etwa 2,50 Meter hohe kantige pyramidenförmige Steinsäulen. Sie erinnern an den Ausbau der heutigen B 258, der Straße von Aachen nach Monschau. Napoleon hatte diesen Straßenausbau in Auftrag gegeben, unter der preußischen Verwaltung wurde er fertiggestellt. Darauf weist noch der preußische Adler auf diesen Steinen hin.

Alte Wege und Straßen im Hohen Venn

So siedlungsfeindlich das Hochplateau mit seinen Mooren auch gewesen ist, so waren die Menschen doch seit jeher gezwungen, Wege und Straßen hinüber und herüber zu bauen und zu benutzen, wenn sie nicht unerträgliche Umwege in Kauf nehmen wollten. Wie gefährlich das war, zeigen die vielen Unglückskreuze und Gedenkzeichen am Rande der heute zum Teil kaum noch wahrnehmbaren Wege und Straßen. Einige Straßen aus alter Zeit wurden modern ausgebaut und werden heute noch genutzt. Andere leben in nach wie vor wichtigen Forststraßen weiter. Und wieder andere entdeckt man nur beim genauen Hinsehen an Ort und Stelle.

Via Mansuerisca. Die alte Römerstraße, die Anfang des dritten Jahrhunderts über das Hohe Venn zwischen Hestreux (Heisterberg im Hertogenwald) und Les Wez gebaut wurde, ist bis heute Streitobjekt der Fachleute. Die einen glauben, sie sei Teil einer Straße Köln–Tongeren gewesen, die anderen sehen in ihr eine Verbindung zwischen Maastricht und Koblenz.

Nach neuesten Forschungsergebnissen soll die Via Mansuerisca allerdings wesentlich jünger sein als bisher angenommen. Danach wäre sie nicht in der römischen, sondern erst in der fränkischen Zeit entstanden. Im 11. Jahrhundert verfiel sie und wuchs zu. 1768 legten Forstbeamte in österreichischen Diensten sie teilweise frei und benutzten sie wieder. 1932 wurde sie durch den als Vennforscher bekannt gewordenen Pfarrer Bastin wieder entdeckt und an drei Stellen freigelegt. Leider sind diese Stellen nicht gepflegt worden, so daß sie heute längst wieder überwuchert sind. Wer allerdings die Stellen weiß, kann unschwer im Gelände den alten römischen Straßenkörper noch erkennen. Die Straße bestand aus vier verschiedenen, übereinander liegenden Holz-schichten (Knüppeldamm), die mit Steinen und letztlich Rasen abge-deckt waren. Im saueren Moorwasser hat sich dieses Holz durch fast 1700 Jahre vorzüglich erhalten.

Zur Zeit (Winter 1994) ist geplant, einen historischen Lehrpfad im Ho-hen Venn anzulegen. Im Rahmen seiner Verwirklichung soll dann die Via Mansuerisca an einer Stelle wieder freigelegt und konserviert wer-den. Das Problem besteht darin, das historische Material an Ort und Stelle davor zu schützen, von Enthusiasten fortgetragen zu werden. Möglicherweise wird man sich dann mit Atrappen begnügen, um die hi-storische Konstruktion demonstrieren zu können.

Vekée. Der uralte Grenzweg zwischen den Besitzungen der Bischöfe (Vekée von Evéque = Bischof) von Lüttich und der Äbte von Stavelot-Malmédy wird bereits 1569 als Grenzweg erwähnt. Soweit er das Hohe Venn berührt, verläuft dieser Grenzweg Vekée von Hockai nach Bara-que-Michel. Mehrere BP-Steine von 1839 beweisen, daß der alte Grenzweg auch in neuer Zeit noch Grenzfunktion hatte. Dieser Ab-schnitt der Vekee wird oft als Kleine oder Falsche Vekée bezeichnet, da die eigentliche Vekée außerhalb des Bereiches des Hochplateaus ver-läuft. Die Kleine Vekée ist heute ein beliebter und vielbegangener Wan-derweg, der vor allem im letzten Abschnitt vom Kreuz der Verlobten bis Baraque-Michel durch ein außerordentlich schönes und abwechs-lungsreiches Hochmoorgebiet am Rande des Grande Fagne führt.

Pilgerweg. Unter diesem Namen ist heute eine moderne Forststraße in den Karten eingezeichnet, die vom Stehlings durch das Steinleyvenn nach Reinartzhof führt. Auf diesem Weg zogen im Mittelalter die Pilger von Süden her nach Aachen zur Heiligtumsfahrt und von Norden her nach Trier auf der Wallfahrt zum Heiligen Rock. Der Pilgerweg ist die einzige Möglichkeit, das heute als D-Zone total gesperrte Steinleyvenn wenigstens andeutungsweise kennenzulernen.

Im Bereich des Steinleyvenns deckt sich der Pilgerweg mit dem Öslin-ger Weg, der seinen Namen vom Ösling hat, wie die Ardennen in Lu-xemburg genannt werden. Der Name weist auf die früher aus dem Raum Bastogne–Luxemburg kommenden Pilger hin.

Auch die nachstehend aufgeführten, auf den Karten eingezeichneten alten Wege und Straßen sind in der Örtlichkeit zumindest streckenwei-se noch zu erkennen:

Kalterherberger Weg. Im weiten Vennland des Hohen Moores (Venn von Deux-Series) zwischen der Verdte Fontaine und dem Durèts kann man noch zwei aus Steinen zusammengesetzte Abschnitte des alten Karrenweges sehen, der jahrhundertelang von Jalhay über das Venn nach Kalterherberg führte. Die Abschnitte sind 60 und 150 Meter lang.

Straße Jalhay–Monschau. Im Bereich von Mon Piette (Petershuys) kann man streckenweise im Wald noch den alten Karrenweg ausmachen, der einst das Hohe Venn von West nach Ost überquerte.

Kirchhofsweg. Dieser alte Weg führte von Althattlich nach Mützenich und Konzen. Er ist stellenweise noch als steinerner Weg erhalten und trägt seinen Namen daher, daß von Reinartzhof, das früher kirchenmäßig zu Konzen gehörte, die Toten dorthin zum Friedhof gebracht wurden.

Kupferstraße. Über diese Straße wurden früher Kupfererzeugnisse von Aachen und Stolberg über das Venn in die Ardennen zum Maastal geschafft. Von Aachen führte die Route über Roetgen, Weserbrücke, Reinartzhof, Kutenhardt, Brackvenn nach Platte Venn. Von Stolberg aus ging es über Roetgen, Münsterbrücke, Brachkopf, Steinley, Stehlings, Müzenich zum Platte Venn. Von hier aus zogen beide Routen gemeinsam über Ruitshof, die Rur, Regenberg und westlich von Elsenborn vorbei aus dem Vennbereich hinaus. Sowohl unterhalb des Stehlings als auch an der Rur und am Regenberg sind heute noch Spuren der Kupferstraße zu sehen.

Straße Jalhay–Xhoffraix. Sie ist noch in voller Länge als Forstweg zu begehen.

Adamsweg. Die alte Straße von Hockai nach Kalterherberg ist heute noch Teil der ausgebauten Forststraße, die beim Naturparkzentrum Botrange die Staatsstraße überquert und jenseits in den Wald von Sourbrodt einbiegt.

Steiniger Weg. Er führte von Konzen nach Roetgen durch den sogenannten Brackwald.

Vennweg. Er war die alte Verbindung von Roetgen nach Eupen.

Die Vennbahn

Am 30. Juni 1885 wurde die erste Teilstrecke der Vennbahn von Aachen über Raeren–Roetgen–Lammersdorf–Konzen nach Monschau eröffnet. Fünf Monate später, am 1. Dezember 1885, wurde der zweite Streckenabschnitt von Monschau über Kalterherberg–Sourbrodt–Weismes nach Malmédy eingeweiht. Später führte man die Bahn von Weismes nach St. Vith und weiter nach Ulflingen (Luxemburg) einerseits und Jünkerath an der Strecke Köln–Trier andererseits weiter. Für die Dörfer der damaligen Landkreise Monschau und Malmédy am Rande des Hohen Venns bedeutete diese Eisenbahn eine Verbesserung der Verkehrsverhältnisse, die man sich sehr schnell nicht mehr wegdenken konnte. Umso größer war die Empörung im damaligen Kreis Monschau, als durch den Friedensvertrag von Versailles die Kreise Eupen, Malmédy und St. Vith an Belgien kamen und eine Sonderkommission mit internationaler Besetzung in Ausführung der Vertragsbestimmungen entschied, daß die Vennbahn von Raeren an ebenfalls an Belgien fallen sollte.

Zwar war während des Zweiten Weltkrieges von 1940 bis 1945 die Vennbahn ebenso wie die Gebiete von Eupen–Malmédy und St. Vith wieder deutsch, doch mit Kriegsende wurden die belgischen Besitzverhältnisse bei der Vennbahn (wie überhaupt im Hohen Venn) wiederhergestellt. Das bedeutete, daß der Bahnkörper mit allen Bahnanlagen, also auch den Bahnhöfen oder deren Ruinen, nach dem Krieg wieder belgisches Hoheitsgebiet waren. Dadurch machte die Bahnlinie das deutsche Dorf Mützenich zur Exklave.

Obschon es bereits 1945 seitens der britischen Militärregierung Versuche gegeben hatte, den Personenverkehr auf der Vennbahn zwischen Aachen und St. Vith wiederaufzunehmen, blieb es dabei: Einen fahrplanmäßigen Personenverkehr auf der Strecke zwischen Raeren und St. Vith hat es nach 1945 nicht mehr gegeben. Der letzte Personenzug auf der Strecke war am 10. September 1944 gefahren. In den Nachkriegsjahren gab es lediglich Güterverkehr auf der Strecke und Militärtransporte nach Sourbrodt als zuständigem Bahnhof für das belgische Truppenlager Elsenborn. Doch wurde der Güterverkehr schließlich auch eingestellt.

Die Bahnanlagen verfielen, die kriegszerstörten Bahnhöfe wie etwa Monschau (in Mützenich) waren erst gar nicht wieder aufgebaut worden. Nur hin und wieder kam es zu einzelnen Sonderzugfahrten auf der Strecke von Roetgen nach Bütgenbach, die nach wie vor befahrbar geblieben war.

Jahrelang hat es Bemühungen gegeben, wenigstens für den touristischen Bedarf die Vennbahn zeitweise wieder fahren zu lassen. Schließlich bildete sich der Verein Vennbahn als Gemeinnütziger belgischer Verein, der unter tatkräftiger finanzieller Förderung des Rates der Deutschsprachigen Gemeinschaft Belgiens und der EG die notwendigen Mittel aufbrachte, um die Strecke zu renovieren und rollendes Material anzuschaffen.

Am 2. Juni 1990, also im Jahr des Europäischen Tourismus, war es dann soweit, daß der erste Touristenzug der Vennbahn von Raeren über Monschau nach Büllingen fahren konnte. Seitdem rollen die Züge der Vennbahn jedes Wochenende zwischen Ostern und Oktober auf der Strecke, allerdings nur bis Bütgenbach. Diese Züge sind nicht zu unterschätzen als Zubringer von Wanderern ins Hohe Venn. Dabei erweisen sich vor allem die Bahnhöfe Kalterherberg und Sourbrodt als vielbenutzte Stationen, von wo aus die Besucher ins Hohe Venn wandern.

Finanziell war die Wiederinbetriebnahme der Vennbahn ein Riesenerfolg. Bereits im ersten Jahr erwirtschaftete der Verein einen Überschuß von rund 100 000 Mark.

Inzwischen ist geplant, die Fahrten ab Frühjahr 1994 vom deutschen Bahnhof Stolberg bei Aachen aus starten und dort auch enden zu lassen, so daß am Wochenende der direkte Anschluß an das deutsche und europäische Eisenbahnnetz gegeben ist. Dann kann man genau 50 Jahre, nachdem der letzte fahrplanmäßige Personenzug der alten Vennbahn übers Venn gerollt ist, wieder von Köln oder Düsseldorf oder sogar von Berlin aus ins Hohe Venn fahren.

Nähere Informationen gibt die Gemeinnützige Vereinigung Vennbahn/VOE, Bahnhof Raeren, B – 4730 Raeren, Telefon 0032/87/852487.

Historische Stätten im Hohen Venn

Althattlich. Kommt man von Mützenich her über die Straße in Richtung Eupen zum ersten Forsthaus von Hattlich auf der linken Seite und folgt von dort dem nach Westen abbiegenden Forstweg, erreicht man nach etwa 1500 Metern ein modernes, kleines Jagdhaus. Unmittelbar daneben erhoben sich im Wald bis 1960 die Ruinen des Gutshofes von Althattlich, einer der ältesten, vielleicht überhaupt der ältesten menschlichen Ansiedlung im eigentlichen Hohen Venn.

Nach der – geschichtlich allerdings nicht gesicherten – Überlieferung schenkte Karl Martell seiner Tochter Hadaloga einen Gutshof hier oben im Hohen Venn am Rande des Hertogenwaldes. Er kam später in den Besitz des Aachener Pfalzgrafen Wiegerich, eines Enkels Karls des Großen. Später wurden durch Erbfolge die Herzöge von Limburg Eigentümer. Von ihnen übernahm das Kloster Reichenstein das Anwesen. Bis zur Französischen Revolution wurde Althattlich als Reichensteiner Hof geführt, kam dann durch Versteigerung in Privatbesitz, wurde schließlich staatliches Forsthaus. 1897 brannte das Anwesen vollständig aus, die Ruinen blieben bis 1960 stehen, dann hat die Forstverwaltung dem letzten Rest des 1100jährigen Hofes ein Ende gemacht.

Brande Haag. Unterhalb der Einmündung des Spohrbaches kann man auf der linken Seite der Hill Reste eines verfallenen Gemäuers erkennen. Hier haben noch im vorigen Jahrhundert Arbeiter gehaust, die in der Umgebung Schiefer gebrochen und zu Bedachungszwecken verarbeitet haben.

Eupener Graben. Fast vier Kilometer lang zieht sich der auch Eupender Graben genannte bachähnliche Graben von der Getz nahe Rei nartzhof schnurgerade nach Süden durch das Brackvenn und das Königliche Torfmoor zum oberen Spohrbach. 1774 wurde der Graben unter Maria Theresia als Grenzmarkierung angelegt, zwischen dem Herzogtum Jülich und dem zu Österreich gehörenden Herzogtum Limburg. Grund dafür waren die immerwährenden Streitigkeiten der Bauern der umliegenden Dörfer um die Nutzungsrechte im Venn vor allem an Torf und „Streuwert" (siehe Kapitel „Landwirtschaft").

Grünes Kloster. Die Talwiesen an der Oberen Rur zwischen dem Bahnhof Kalterherberg und der Domäne Rurhof sowie das angrenzende Waldgebiet werden seit alters her Grünes Kloster genannt. Angeblich hat man hier vor langer Zeit Mauerreste gefunden, die nach der einen Ansicht römischen Ursprungs, nach anderer Ansicht Überreste eines (anderswo allerdings nirgends erwähnten) Klosters gewesen sein sollen, das Walram von Monjoie um 1300 hier gegründet haben soll. Tatsächlich bezieht sich der Name wohl eher auf die hier durch das Gelände im Mittelalter ziehende Kupferstraße zwischen Aachen–Stolberg und dem Maastal. Ortsnamen mit „Grün" weisen immer auf solche Beziehungen zu Kupfer hin. Den gleichen Ursprung dürfte auch das zweite „Grün Kloster" haben, das es im Hohen Venn gibt, und zwar zwischen Roetgen und Fringshaus.

Kupfermühle. Auf dem linken Ufer der Weser liegen ein paar hundert Meter oberhalb der Einmündung des Eschbaches die Ruinen der Kupfermühle. 1765 verboten die Behörden des Herzogs von Jülich die Ausfuhr von aufgearbeitetem Kupfer von den Hütten in Stolberg. So bauten die Stolberger Kupferherren jenseits der Grenze auf Limburger Gebiet eine Kupfermühle, einen Betrieb also, in dem das Kupfer aufgearbeitet und dann über die Kupferstraße weiter in Richtung Maas transportiert wurde. Später entwickelte sich die Kupfermühle zu einem Stapelplatz für heimlich über die Grenze geschafftes, aufgearbeitetes Kupfer. Der Betrieb hier ging bis zur Französischen Revolution.

Petershaus – Mon Piette. Schaurige Geschichten wurden von der kleinen Herberge erzählt, die seit der Mitte des 15. Jahrhunderts im Venn nahe der heutigen Straßengabelung Belle Croix sich befunden hatte und zwar dort, wo die alten Straßen von Sourbrodt nach Eupen und von Jalhay nach Monschau sich kreuzten. Der Wirt würde seinen Gästen unter dem Vorwand, sie rasieren zu wollen, den Hals durchschneiden, um sie anschließend ausrauben zu können. Tatsächlich ist der Wirt Peter Kesseler 1559 von Landstreichern in seinem Lokal ermordet worden. Der Ruf des Mordlokales blieb dem Hause dann anhaften. Bis zur Mitte des 17. Jahrhunderts florierte das Gasthaus trotzdem, dann ging es bergab, schon 1724 wurde das Anwesen nur noch als Ruine erwähnt. Die Steine der Ruinen wurden für den Bau der heutigen Straße Eupen–Baraque-Michel benutzt. Nur noch ein Mauerrest und ein uralter zerzauster Kirschbaum im Wald erinnern an das alte Gasthaus.

Rakesprée. Am Rande des Wallonischen Venns zum Wald von Clefay hin liegt das Flurstück Rakesprée. Hier gab es im 17. und 18. Jahrhundert alljährlich einen herbstlichen Viehmarkt von Robertville, damals zum Herzogtum Luxemburg gehörend. Da das Gelände unmittelbar an der Grenze zu den Herzogtümern Limburg und Jülich lag, beschickten die Bauern aus Robertville, Sourbrodt, Elsenborn, Kalterherberg und Jalhay diesen Viehmarkt im Venn.

Reinartzhof. Nur noch eine kleine Kapelle erinnert an die traditionsreiche Siedlung Reinartzhof, manchmal auch einfach nur Reinart genannt, im Hohen Venn. Seit dem frühen Mittelalter gab es eine starke Pilgerbewegung aus den Ardennen und aus dem Trier/Luxemburger Gebiet nach Aachen zu den Heiligtumsfahrten. Diese Pilgerscharen brachten der Stadt Aachen immer sehr willkommene Einnahmen, so daß die Stadt besorgt war, daß die Pilger auch wohlbehalten über das Hohe Venn kamen. Aus diesem Grunde siedelte die Stadt Aachen im 14. Jahrhundert einen Eremiten nahe der Stelle im Venn an, wo der Pilgerweg mittels einer Fuhrt den Steinbach überwinden mußte. Der Einsiedler hatte Weg und Steg in Ordnung zu halten, notfalls Pilger bei sich zu beherbergen und zu beköstigen. Dafür wurde er von der Stadt Aachen bezahlt.

Die Einsiedlerklause wurde dem Heiligen Reinhart, zu Lebzeiten Bischof von Lüttich, geweiht. Der Heilige hatte sich besonders um das Wegewesen in seinem Bistum verdient gemacht. Bei Nebel oder Schneetreiben hatte der Eremit eine Glocke zu läuten.

Aus der Einsiedelei entwickelte sich die spätere Siedlung Reinartzhof, die aus dem Anwesen Unterhof und dem Oberhof bestand. Seit Mitte des 16. Jahrhunderts gehörte der Reinart dem Herzog von Jülich. Bis 1922, der Abtretung des Hohen Venns mit Reinartzhof an Belgien, gehörte der Unterhof zu Konzen, der Oberhof zu Mützenich. In den ersten Jahren nach dem Zweiter Weltkrieg war Reinartzhof, das von Belgien her auf einem schmalen Fahrweg, von Deutschland her aber nur auf Fußpfaden erreichbar war, ein zentraler Umschlagplatz für den Kaffeeschmuggel an der belgisch-deutschen Grenze. Vom Landesinneren Belgiens her wurde der Kaffee mit Lastfahrzeugen nach Reinartzhof gebracht, von dort von den vor allem von Roetgen her kommenden Schmugglern rucksackweise durch das Venn über die Grenze geschafft. 1962 wurde die Siedlung enteignet, die Bewohner mußten umsiedeln, da die historische Ansiedlung im Einzugsgebiet der Wesertalsperre lag und die Abwässer das Trinkwasserreservoir bedrohten. Inzwischen sind alle Gebäude abgerissen, und nur noch der Flurname und die kleine Kapelle erinnern an die Jahrhunderte während Tradition dieser Siedlung mitten im Venn. Die jahrhundertelang beim Reinartzhof zum Nutzen der Menschen im Venn geläutete Glocke, die mehrfach verschwunden war und immer wieder erneuert wurde, kam schließlich nach Monschau, wo sie heute noch außen am Turm der alten Pfarrkirche über dem Zifferblatt der Uhr hängt und als Uhrglocke die Zeit angibt.

Schusterhaus. 1875 baute der Schuster Adolphe Francois am Zusammentreffen der Straßen Jalhay–Eupen und Sourbrodt–Eupen ein kleines Gasthaus, das Belle Croix genannt wurde. Es stand in der Nähe des oben erwähnten Petershauses. Das Gasthaus Belle Croix war auch Pferdewechselstation für die Poststrecke Eupen–Malmédy. 1912 brannte das Gasthaus ab, wurde als Jagdhaus wieder aufgebaut und dann 1940 beim Ausbau der Straßenkreuzung abgerissen. Heute erinnern die Bildtafeln am Belle Croix (siehe Kapitel „Spuren der Geschichte") noch an das einstige Gasthaus.

Vennhäuschen. Von allen einstigen Anwesen im Hohen Venn hat das Vennhäuschen nahe dem Vennkreuz bei Petergensfeld wohl die kürzeste Lebensdauer gehabt. 1865 errichtete Johann Emonts-Laschet aus Raeren ein kleines Fachwerkhaus, das als Gasthaus rasch zur beliebten Einkehrstation für Fuhrleute, Wanderer, Jäger und Waldarbeiter wurde. Weihnachten 1881 brannte es ab und wurde nicht wieder aufgebaut.

Weserbrücke (n). Die Weser, in der Nähe von Roetgen erwies sich für die verschiedenen hier zum Venn führenden Straßen in früherer Zeit als besonderes Hindernis. Da der Wasserstand oft zu hoch war, um den Fluß mittels einer Fuhrt durchqueren zu können, wurden im Laufe der Zeit verschiedene Brücken gebaut. Im Zuge der Straße von Roetgen über Schwerzfeld nach Reinartzhof, des sogenannten Pilgerweges, wurde schon 1344 eine erste Brücke über die Weser, die heute noch sogenannte Weserbrücke gebaut. Ihre Unterhaltung oblag dem Eremiten auf Reinartzhof.

Im 16. Jahrhundert entstand weiter östlich im Zuge der Kupferstraße die sogenannte Münsterbrücke, deren Name auf das unweit von hier beginnende Territorium der Abtei Kornelimünster hinweist.

Für den Öslingerweg, wie der Pilgerweg im Hohen Venn auch genannt wurde, bestand zwischen 1344 und 1516 eine weitere Brücke nahe dem Zusammenfluß von Weser und Eschbach. Hier sind heute noch zahlreiche Spuren alter Wege zu sehen. Reste dieser Brücke waren noch bis ins 18. Jahrhundert vorhanden.

Moderne Straßen

Die heute von den verschiedenen Seiten an das Hohe Venn und auf das Hochplateau hinaufführenden Straßen sind teils aus den bereits im Mittelalter benutzten Karrenwegen hervorgegangen und folgen deren Linienführung, teils wurden sie parallel dazu angelegt. Insgesamt muß man sagen, daß heute weniger Straßen zum Venn führen, als es etwa im 16. bis 18. Jahrhundert der Fall war.

Die wichtigsten Zufahrtsstraßen zum Hohen Venn sind die folgenden:

B 258 Aachen–Monschau. Die Straße erreicht bei Roetgen das Venngebiet und in der Höhe von Fringshaus in einer Höhenlage von etwa 600 Metern die eigentliche Vennhochfläche, die beim Bahnhof Konzen wieder verlassen wird. Zwischen Fringshaus und Konzen verläuft die Straße über belgisches Hoheitsgebiet. Der Bau der Straße in ihrem heutigen Verlauf wurde unter Napoleon 1802 begonnen, später zur preußischen Zeit fortgesetzt und fertiggestellt. An die Fertigstellung erinnert ein Gedenkstein an der Florabrücke am Ortseingang von Monschau.

Straße Eupen–Monschau. Im Verlauf eines früheren Eupener Weges oder Eupender Weges wurde die heutige weitgehend geradlinig verlaufende Straße zwischen Eupen und Monschau im Jahre 1840 ausgebaut. Beim Zollamt Monschau-Mützenich erreicht die Straße mit 620 Metern ihren höchsten Punkt. Die Straße verläuft von Eupen bis Mützenich ausnahmslos zunächst durch Wald, dann durch offenes Venngebiet. Nur wenige Forsthäuser, Ternell und Hattlich, liegen an ihrem

Rand. Immer noch hat diese Straße verhältnismäßig wenig Verkehr. Sie stellt eine der landschaftlich schönsten Fahrten im ganzen Bereich des Hohen Venns dar. Vor allem in ihrem oberen Bereich zwischen Ternell und Mützenich bieten sich verschiedene Parkplätze als ausgezeichnete Ausgangspunkte für Wanderungen ins Hohe Venn an.

Straße Eupen–Malmédy. Zwischen 1855 und 1857 wurde die Straße von Malmédy über Mont Rigi und Baraque-Michel nach Eupen gebaut. Da abgesehen von einigen Forsthäusern, der Baraque-Michel und dem Gasthaus Mont Rigi, zwischen Eupen und Mont keine Siedlungen berührt werden, die Straße teils durch abwechslungsreichen Wald, vor allem aber auf der gesamten Hochfläche durch offenes Vennland führt, ist sie wohl die schönste Panoramastraße überhaupt im Hohen Venn. Zahlreiche Parkplätze eignen sich als hervorragende Ausgangspunkte für Vennwanderungen.

Straße Jalhay–Belle Croix. 1877 wurde die Straße gebaut. Vor allem für den Besucherverkehr aus Richtung Verviers und damit heute von der Autobahn her hat diese Straße große Bedeutung für den Verkehr in das Hohe Venn und nach Baraque-Michel hin.

Straße Sourbrodt–Mont Rigi. Da die in den 60er Jahren des 19. Jahrhunderts gebaute Straße über die Höhe der Botrange führt, ist sie für den Tourismus im Hohen Venn von großer Bedeutung.

Straße (Monschau)- Kalterherberg–Sourbrodt. Die Straße ist als Zubringerstraße aus dem Monschauer Land zur Botrange und nach Baraque-Michel, aber auch als Verbindung in Richtung Malmédy von Bedeutung. Sie führt zunächst durch das Rurtal, dann am Lager des Truppenübungsplatzes Elsenborn vorbei, schließlich (in schlechtem Zustand, da viel von Panzern benutzt) mit schönem Ausblick auf Rurbusch und Botrange nach Sourbrodt.

Gasthäuser und andere Einzelbauwerke im Hohen Venn

Baraque-Michel. Wo heute noch das Venn am weitesten und am wildesten ist, zwischen Wallonischem Venn und Grande Fagne, hat sich die Baraque-Michel zum absoluten touristischem Mittelpunkt des Hohen Venns entwickelt. Warum der Schneider Michel Schmitz 1808 die kleine Hütte errichtete, die nach ihm den Namen Michels-Hütte = Baraque-Michel bekam, ist unklar. Vielleicht ahnte er den Aufschwung des Verkehrs auf der Landstraße zwischen Eupen und Malmédy und wollte

Baraque-Michel

beizeiten mit einem kleinen Gasthaus hier oben präsent sein. Vielleicht hat er das Anwesen tatsächlich aber auch in Erfüllung eines Gelübtes errichtet, wie so oft erzählt wird.

Tatsache ist jedenfalls, daß von der Michelshütte aus in den ersten Jahrzehnten ihres Bestehens schon 93 Menschen, die sich im Nebel oder Schneesturm verirrt hatten, gerettet werden konnten. Die erste Michelshütte brannte 1899 ab, wobei das Eiserne Buch, ein Gästebuch besonderer Art, vernichtet wurde. Das Anwesen wurde sofort wieder aufgebaut.

Aus dem Tourismus, dem reinen Ausflugstourismus wie dem Wandertourismus im Hohen Venn, ist die Baraque, wie man oft vereinfachend sagt, nicht mehr wegzudenken. Bis zu 1000 Besucher und mehr werden an schönen Tagen im Sommer wie im Winter hier gezählt. Was die Baraque-Michel so anziehend macht, ist schwer zu sagen. Es ist sicherlich nicht nur die einsame Lage an der Straße mitten im Hochmoor, da, wo es am schönsten ist. Das Haus selber hat eine ganz eigenartige Atmosphäre, die viele, die einmal hier waren, zu Stammgästen werden läßt. Das Innere des Gasthauses ist eine Mischung von alter, traditioneller Fuhrmannskneipe im kleinen Stübchen, herkömmlicher Gaststube und schließlich modernem Verandarestaurant mit Blick über das weite Venn. Dazu kommt, daß der heutige Besitzer Patrick Bodarwé als Pa-

tron und Küchenchef Kochkünste praktiziert, die man in einem Venn-
gasthaus nicht erwartet. Das führt natürlich dazu, daß die Baraque-Michel nicht nur beliebte Einkehrstation der Wanderer am Ende einer
Vennwanderung ist, sondern auch Treffpunkt der Feinschmecker, die
hier durchaus auf ihre Kosten kommen.
Schließlich hat das Haus eine Reihe von Fremdenzimmern, die es ge-
statten, die ganze Romantik eines Aufenthaltes im Hohen Venn in vol-
len Zügen auszukosten: mit Wandern, mit ausführlichem Abendessen
und dann Übernachtung, ehe man am nächsten Tag weiterwandert
(siehe „Wandervorschläge").

Bayehonmühle. Im engsten und romantischsten Teil des Bayehonta-
les liegt unterhalb der von Ovifat nach Longfay führenden Straße die
Bayehonmühle. Bis 1945 diente die 1875 errichtete Mühle als Mahl-
mühle für Getreide. Seither ist sie nur noch gastronomischer Betrieb,
ein beliebtes Einkehrziel, dessen Spezialität frische Waffeln sind.

Botrange. Auf dem mit 694 Metern höchsten Punkt des Hohen Venns,
der gleichzeitig der höchste Punkt des Königreichs Belgien und der Ardennen ist, wurde 1933 durch Franz Fagnoul, dem ersten Wirt hier
oben, der 24 Meter hohe Turm errichtet, zusammen mit dem kleinen
Café und Restaurant. Franz Fagnoul, weithin bekannt damals als bester
Kenner des Hohen Venns, richtete ein kleines Vennmuseum ein, das
den Namen des „Vennprofessors" Fredericq bekam. Leider mußte das
Museum 1967 einer Erweiterung des Cafés weichen.
Die Plattform des Turmes bietet eine faszinierende Aussicht, die bei
klarem Wetter bis zum Siebengebirge geht. Leider ist der Turm seit Jahren wegen Baufälligkeit gesperrt, und es wird wohl auch noch Jahre
dauern, bis er wieder bestiegen werden kann. Die Universität Lüttich
unterhält hier oben eine meteorologische Station.

Ferme Libert. Unweit der Einmündung des Trôs-Marets-Baches in die
Warche liegt der jahrhundertealte Bauernhof Ferme Libert. Seit 1937
wird er als Gastwirtschaft und Ausflugsrestaurant geführt. Seinen Namen trägt er nach der Familie Libert, deren bekanntestes Mitglied Ma-
rie-Anne Libert war. Sie war eine bekannte Botanikerin, die Mitte des
19. Jahrhunderts erstmals die spezielle Flora des Hohen Venns studier-
te und beschrieb.

Fringshaus. Wo die von Aachen heraufkommende Bundesstraße 258
die Höhe des Vennrückens erreicht, liegt rechter Hand das Gasthaus
Fringshaus, 1826 von Arnold Frings aus Konzen als Gasthaus für Rei-
sende zwischen Monschau und Aachen gebaut. Nach dem Ersten Weltkrieg wurde Fringshaus belgisch, die vor dem Haus vorbeiführende
Straße blieb deutsch. So ist es heute noch. Das hat dazu geführt, daß
viele Jahre lang deutschen Passanten der Aufenthalt in Fringshaus ver-

boten war. Man hätte ja Kaffee oder Zigaretten billig kaufen können.
Das kann man infolge der unterschiedlichen Preisverhältnisse für diese
Artikel zwischen Deutschland und Belgien auch heute noch, allerdings
inzwischen völlig legal.

Fringshaus ist immer noch eine eigenartige Siedlung, allerdings nur
noch Restaurant, kein Gasthaus mit Übernachtungsmöglichkeiten
mehr. Das Anwesen ist belgisch, doch die Zufahrt ist nur über die deutsche B 258 möglich. Die Post wird mit einem eigenen Wagen vom belgischen Raeren aus zugestellt, telefonisch ist das Haus an das deutsche
Telefonnetz angeschlossen. Fringshaus ist ein günstiger Ausgangspunkt
für Wanderungen durch das Venn von Hoscheid und die Waldgebiete
um die Obere Weser.

Kapelle Fischbach. Die höchstgelegene Kapelle Belgiens, gleich neben der Baraque-Michel gelegen, ist sichtbarstes Zeichen für die Ret-
tungstätigkeit, die von Baraque-Michel im vorigen Jahrhundert ausging.
1827 rettete Michel Schmitz den Malmédyer Baron Rondchêne aus
dem Nebel. Zum Dank dafür stiftete dessen Schwiegervater Fischbach
die kleine Kapelle sowie eine Glocke für Baraque-Michel, die bei Nebel
geläutet werden sollte. Die Glocke hängt heute noch im Giebel der Baraque. In der kleinen Kapelle finden noch gelegentlich Gottesdienste
statt.

Mont Rigi. Zwischen Baraque-Michel und der Botrange, an der Gabe-
lung der von Eupen kommenden und nach Malmédy einerseits und
Sourbrodt andererseits führenden Straße steht das moderne Restaurant Mont Rigi. 1862 baute der Cafétier Jaque Walther Hoen ein Gasthaus an dieser Stelle, das nach wenigen Jahren durch den Bürgermei-
ster von Weismes Nemery, einen Freund exotischer Namen, den Namen Mont Rigi nach dem berühmten Schweizer Berg Rigi erhielt und
seitdem behielt. Heute ist Mont Rigi ein moderner gastronomischer Betrieb. Neben dem Haus befindet sich eine wissenschaftliche Station der
Universität Lüttich, die sich vor allem mit der Flora des Hohen Venns
befaßt.

Neguskabinett. Das in den Karten als Cabane du Negus eingezeich-
nete Gebäude hat jahrelang im Hohen Venn für Aufregung gesorgt.
Ende der 20er Jahre dieses Jahrhunderts baute sich der aus Stavelot
stammende Professor Leon Ringwet, genannt Negus, eine riesige Holz-
hütte, die eher einem Flugzeugschuppen als einem Wohnhaus ähnelte.
Hier lebte er völlig zurückgezogen in der Einsamkeit des Venns von
Nampîre und arbeitete hier. Die Geschichte vom Professor im Venn
sprach sich schnell herum, und sonntags kamen immer mehr Schaulu-
stige ins Venn von Nampîre und ließen immer häufiger reichlich Le-
bensmittel zurück. Mit ihnen konnte der Professor sorgenfrei leben.

Die Kapelle Fischbach

1937 wurde das merkwürdige, aus Holz, Torf und Rasen gebaute Gebäude durch ein Unwetter weitgehend zerstört. Der „Negus" baute sich aus den Resten eine moderne Hütte, die heute noch steht. Er selber starb 1974.

Reichenstein. Einsam im Rurtal zwischen Kalterherberg und Monschau entstand auf einem Bergvorsprung um das Jahr 1000, vielleicht auch noch früher, eine Burg Richwinstein als Besitz der Grafen von Limburg. Die Sage will wissen, daß Karl der Große die Burg für seinen edlen Richwin habe bauen lassen.

Im 12. Jahrhundert stiftete Walram II. die Burg Richwinstein nebst umfangreichen, bis ins Brackvenn reichenden Geländegebieten den Prämonstratensern zur Gründung eines Klosters. Das Kloster wurde der Abtei Steinfeld in der Eifel unterstellt. Im Mittelalter diente das Kloster Reichenstein, das zunächst von Nonnen, später von Mönchen geführt wurde, Reisenden auf der hier von Mützenich nach Kalterherberg vorbeiführenden großen Straße Aachen–Trier als Herberge. Die Mönche stellten lange Zeit die Seelsorger für die umliegenden Dörfer.

1802 wurde das Kloster aufgehoben und von der Monschauer Tuchmacherfamilie Böcking erworben. Böcking wollte hier eine Zucht von Merinoschafen aufziehen, die er in langem Fußmarsch von Spanien über die Pyrenäen bis hierher an den Vennrand bringen ließ.

Nach verschiedenen Besitzerwechseln ist Reichenstein heute immer noch ein landwirtschaftliches Gut. Die einstige Klosterkirche wurde kürzlich restauriert und dient zu gelegentlichen Konzertveranstaltungen. Derzeit wird eine hitzige Diskussion darüber geführt, ob das Gelände des landwirtschaftlichen Gutes in einen Golfplatz umgewandelt und das alte Kloster zum Clubhaus umfunktioniert werden soll.

Reinhardstein. Die mittelalterliche Burg Reinhardstein, die seit dem 19. Jahrhundert eine Ruine war, herrscht wieder im alten Glanz über den Schluchten der Warche. Seit 1977 steht die Burg unter Denkmalschutz. An ihrem Standort wurden Spuren der verschiedensten Zivilisationsepochen gefunden: neolithische, keltische und römische. Die in der Abtei von Stavelot geschriebene Geschichte von Reinhardstein verbindet die Burg mit den sagenhaften vier Söhnen des Ritters Haymon.

Reinhard von Weismes erbaute im Jahre 1354 auf diesem vorspringenden Felsen die Burg mit Erlaubnis des Grafen Wenzelslaus von Luxemburg, der 1356 auch Graf von Brabant und Limburg wurde. Reinhardstein sah viele Geschlechter kommen und gehen: die Nesselrode, Nassauer, Schwarzenberg und ganz besonders die berühmten Metternichs, deren ältester Herrensitz die Burg war.

Unter französischer Herrschaft verkaufte der Graf Franz von Metternich, Generalbevollmächtigter des Kaisers in Brüssel und letzter Erbbürgermeister von Weismes, die Burg, welche anschließend fast völlig zerstört wurde. Durch Privatinitiative wurden die Ruine archäologisch untersucht und zwischen 1965 und 1969 wieder aufgebaut. Heute ist die Burg ganzjährig bewohnt. Sie ist von einem Naturschutzgebiet umgeben, in welchem sich auch der höchste Wasserfall Belgiens befindet, der allerdings recht schmal 60 Meter in die Tiefe stürzt.

Die Burg kann besichtigt werden Ostersonntag, Christi Himmelfahrt, Pfingstsonntag sowie an allen Sonntagen vom 15. Juni bis 15. September jeweils um 14.15 Uhr, 15.15 Uhr, 16.15 Uhr und 17.15Uhr. Im Juli und August außerdem dienstags, donnerstags, samstags und sonntags um 15.30 Uhr.

Rurhof. Am Oberlauf der Rur, unterhalb von Sourbrodt, entstand die landwirtschaftliche Domäne Rurhof 1901 als eine der größten Domänen weit und breit. Sie bewirtschaftet eine Fläche von mehr als 230 Hektar.

Natur zum Anfassen

Kreuz und quer über das Hochplateau des Hohen Venns verstreut finden sich bemerkenswerte Naturdenkmäler. Ob das nun besonders markante Felsen sind oder uralte Baumgruppen, geologische Aufschlüsse oder malerische Wasserfälle, sie alle erregen Aufmerksamkeit und die Fragen nach dem „Was ist das?", „Was bedeutet das?", „Wo kommt das her?" Die interessantesten Naturdenkmäler und Naturerscheinungen sind nachfolgend kurz vorgestellt:

Bayehonfall (Cascade du Bayehon). Wo der Bayehonbach sich nahe dem Dorf Longfaye anschickt, das Hochplateau zu verlassen und in einer Schlucht der Warche entgegenzuziehen, fällt er über eine markante, im Laufe der Jahrtausende rundlich ausgewaschene Feldwand von neun Metern Höhe. Dieser Wasserfall des Bayehonbaches ist der größte natürliche, das heißt wasserreichste Wasserfall im Bereich des Hohen Venns. Natürlich bietet er nach starken Regenfällen oder der Schneeschmelze einen besonders imposanten Anblick.

Bieley. Der auch Bildley genannte Schieferfelsen, das Wahrzeichen des Schwalmtales (oberes Perlenbachtal), ist schon oft als das „Matterhorn vom Schwalmtal" bezeichnet worden. Mehr als 40 Meter erhebt sich das Felsmassiv, über dessen Höhe ein Weg führt, über dem Tal. Man hat eine großartige Aussicht auf die vielen Windungen des Schwalmbaches. Der Name bedeutet soviel wie steiler Schieferfelsen, in ihm steckt das alte Wort biel für steil.

Bilissefelsen. Wandert man von Solwaster aus etwa 1500 Meter an der Statte aufwärts, sieht man auf dem rechten Ufer des Baches den Bilissefelsen aufragen. Mehr als 20 Meter hoch ragt der wild zerrissene Quarzitfelsen über die Talsohle. Er ist ein beliebtes Kletterrevier für angehende Alpinisten.

Dolmen. Nahe dem Bilissefelsen, aber auf dem anderen Ufer der Statte, liegt im Laubwald verborgen der sogenannte Dolmen von Solwaster, ein großer, flacher, tischähnlicher Quarzitfelsen. Nicht zuletzt deshalb, weil ein Waldstück in seiner Nähe als Bois sacrée = Heiliger Wald seit alters her bezeichnet wird, haben Archäologen in diesem Felsen immer wieder einen Dolmen, ein Steinzeitgrab sehen wollen.

Entenpfuhl. Am Rande des Brackvenns, an der vom Parkplatz Nahtsief nach Konzen führenden Forststraße liegt ein großer Weiher. Die Wasserfläche ist zwar künstlich gestaltet, indem man fließendes Wasser zugeführt hat, um einen Löschteich zur Verfügung zu haben, doch gilt es als sicher, daß der Entenpfuhl ursprünglich ein Pingo (siehe Kapitel

„Pingos") gewesen ist. Er wäre dann der einzige in die heutige Zeit überkommene vorgeschichtliche Weiher im Hohen Venn, der sich als schöne, freie, mitunter von Enten belebte Wasserfläche anbietet.

Kaiser Karls Bettstatt. Der wohl bekannteste Felsen im Hohen Venn. Am Ortsrand von Mützenich, westlich des Stehlingsberges liegt noch auf deutschem Gebiet dieser markante Quarzitfelsen, der der volkstümlichen Sage nach einmal Kaiser Karl dem Großen als Nachtlager gedient haben soll. Die drei leichten Vertiefungen auf dem schräg abfallenden Felsen werden als die Vertiefungen gedeutet, in denen der kaiserliche Kopf, der Popo und die Füße geruht haben sollen. Verbindet man die drei Mulden jedoch miteinander, müßte Karl der Große ein Riese von rund drei Metern Länge gewesen sein.

Volkstümlich wird die Entstehung des Namens Mützenich mit Kaiser Karls Bettstatt wie folgt in Verbindung gebracht: Der Kaiser habe sich auf einem Jagdausflug hier oben verirrt und sei gezwungen gewesen, auf dem Felsen zu übernachten. Seine Getreuen hätten ihm dazu ihre Kleidungsstücke zum Unterlegen und Zudecken gereicht. Als aber ein besonders Eifriger dem Kaiser sogar die Mütze geben wollte, habe Karl abgewehrt mit den Worten: Die Mütze nicht!

Oneux. Die kleine Laubwaldgruppe am Rande des Wallonischen Venns zwischen Großer und Kleiner Rur gilt als ein Relikt der Waldentwicklung auf dem Hohen Venn. Der Oneux, auch Groneux (aus Grand Oneux) genannt, ist ein letzter Rest von Erlenwald, der früher einmal waldtypisch war im Hohen Venn, bevor die Nadelbäume das Hochplateau erobert haben.

Pietkinbrunnen. Folgt man von der Rurbrücke nahe dem Sourbrodter Ortsteil Bosfagne der Rur aufwärts, sieht man alsbald auf der rechten Seite ein kleines, gemauertes Brunnenhäuschen, das vom Eisengehalt des Wassers stark rot gefärbt ist. Hier quillt eine leicht kohlesäurehaltige Quelle, deren Wasser erfrischend sauer schmeckt. Der Sourbrodter Pfarrer Pietkin hat seinerzeit diesen Brunnen über der Quelle errichten lassen.

Pyritsteine. Für Amateure wie Profis unter den Geologen sind die Felsen, die den Boden der Rur bei der Brücke von Bosfagne und am Pietkinbrunnen bedecken, sowie die Steine, die dort in der Rur liegen, ein Leckerbissen. Sie enthalten zahlreiche, bis zu zwei Kubikzentimeter große Pyritwürfel. Dabei handelt es sich um Eisenkiesmineralien, die zwar materiell keinen besonderen Wert haben, sich aber mitunter als hübsche Souvenirs aus dem Venn gut machen.

Richelsley. Der ganz isoliert in der Landschaft 800 Meter südöstlich von Reichenstein liegende Felsblock, auf dessen Spitze das Kreuz im Venn (siehe Kapitel „Spuren der Geschichte") steht, ist ein langgestreckter, etwa zehn Meter hoher Konglomeratfelsen. Nach Ansicht der Geologen blieb hier in versteinerter Form ein Stückchen des Uferrandes des devonischen Meeres bestehen, das einst weite Teile der Landschaft bis hierher bedeckt hat.

Tonalithfelsen im Hilltal. Etwa 200 Meter oberhalb der Einmündung des Spohrbaches erhebt sich auf dem orographisch rechten Ufer der Hill eine markante Felswand, die nach Ansicht der Geologen sogenannte plutonische Gesteine enthält. Dabei handelt es sich um Gesteine, die als Schmelzen im Erdinneren bereits erstarrt sind. Der Hilltal-Tonalith gilt als der größte und besterschlossene Magmakörper im Vennbereich. In schmalen Klüften führt dieser Felsen Kupferkies, Magnetkies und silbrig schimmernden Molybdänglanz. Allerdings sind die Mineralien hier sehr klein, es bedarf schon des fachkundigen Auges des Geologen oder einer Lupe, um sie erkennen zu können.

Tschâne as Tschânes. Die „Eiche der Eichen" ist vielleicht der markanteste Baum im Hohen Venn. Nahe dem Bayehonfall steht sie allein in der Landschaft, am Rande eines von Wacholderbüschen geprägten Vennstückes. Ihr Alter ist unbekannt, doch wird es auf etwa 400 Jahre geschätzt.

Die Vier Buchen

Vier Buchen. Ein markanter Platz am Rande des Wallonischen Venns nahe dem Oneux. Fünf (nicht nur vier) mächtige Buchen, sicherlich mehr als 200 Jahre alt, stehen hier als Rest eines ursprünglich wohl größeren Bestandes. In dieses Gebiet trieben früher die Bauern von Sourbrodt ihr Weidevieh. Die Hirten lagerten gerne im Schatten dieser Buchen, die leicht erhöht stehen. Von hier aus hat man auch heute noch einen umfassenden Blick über das Wallonische Venn und den Oberlauf der Rur.

Drei Erscheinungen wird der Vennwanderer immer wieder begegnen. Und immer wieder taucht die gleiche Frage auf: „Was ist das ?" Auch wenn diese drei Erscheinungen keine Naturdenkmäler sind, da sie mal kommen, dann wieder verschwinden, sollen sie unter dieser Rubrik „Natur zum Anfassen" kurz erklärt werden.

Kuckucksspeichel. An zahlreichen Pflanzenstielen, bei Blütenpflanzen ebenso wie bei Gräsern, findet sich manchmal speichelartiger Schaum, der im Volksmund als „Kuckucksspeichel" bezeichnet wird. Urheber ist die Schaumzikade, ein Insekt, dessen Larven den Saft der Pflanze aussaugen. Durch flüssige Exkremente der Larven und ausgeatmete Luft wird der Schaum erzeugt, der die Larven gegen Austrocknung und gegen Feinde schützen soll.

Ölflecken (vermeintliche). Was vor allem in feuchten Gebieten des Hohen Venns auf dem Boden immer wieder aussieht wie schillernde, irisierende Öllachen, meist ocker-rostfarbig im Grundton, hat nichts mit Mineralöl-Verschmutzung des Bodens zu tun. Dieses Irisieren entsteht durch die Oxydation von Eisenkies, entweder durch einfache chemische Reaktion mit Luft, d.h. Sauerstoff, oder durch Beteiligung von Eisenbakterien. Ein großer Teil der Hydroxide schlägt sich nieder, setzt sich ab und bildet ockergelbe Flocken. Ein anderer Teil breitet sich auf der Wasseroberfläche in einem feinen Film aus, und durch die Strahlenbrechung auf dem Film wird das vielfarbige, hier ganz natürliche und unschädliche Irisieren verursacht.

Schaumkronen der Vennbäche. Häufig sieht man auf den Vennbächen dichte, weiße bis bräunlich gefärbte Schaumpakete. Sie sind kein Zeichen für eine Umweltverschmutzung. Der Schaum entsteht durch die Emulsion von zersetztem organischem Material und kolloidalem Ton aufgrund des in stark fließenden Gewässern spontan auftretenden Phänomens des Schleuderns und Schäumens des Wassers. Daraus geht hervor, daß vor allem bei außergewöhnlich starker Wasserführung, wie sie nach Regenfällen und nach der Schneeschmelze zu beobachten sind, die Schaumbildung auf den Vennbächen besonders stark sein kann.

Die Pflanzenwelt des Hohen Venns

Ganz groß und ganz klein, so könnte man ganz grob die Pflanzentypen bezeichnen, die das Landschaftsbild des Hohen Venns prägen. Ganz groß, das sind die Wälder, die Waldbäume und die Bäume der Windschutzhecken, ganz klein sind die Torfmoose, die Sphagnen, die die Hochmoorlandschaft aufbauen. Da die Pflanzenwelt der besondere Schatz der Hochmoorlandschaft des Hohen Venns ist, und viele Besucher in das Hohe Venn allein wegen der vielen schönen Blumen kommen, die im Laufe eines Sommers hier blühen, soll auf die Pflanzenwelt des Hohen Venns nun etwas umfangreicher und ausführlicher eingegangen werden.

Die Artenvielfalt der Wälder auf dem Hohen Venn ist heute leider sehr gering geworden. Nur noch an wenigen Stellen gibt es schöne Buchenwaldbestände, so am Rurbusch. Markante, von Eichen geprägte Laubwald-Mischbestände finden sich vor allem im Hilltal. Doch auf weite Strecken beherrschen die landschaftsfremden, monotonen Fichtenwälder das Waldbild des Hohen Venns und seiner Randgebiete. Die typische Vennflora, wie sie uns heute noch an der Oberen Hill, im Wallonischen Venn, dem Venn von Deux-Series oder dem Grande Fagne begegnet, ist ihnen weitgehend zum Opfer gefallen.

Dabei ist die Pflanzenwelt des Hohen Venns durchaus von Natur aus artenreich, wenn natürlich auch nicht so artenreich wie die Vegetation auf Kalkboden. Eben anders. Neben den hohen Waldbäumen ist es vor allem in erster Linie das Sphagnum, das in verschiedenen Arten (sphagnum recarvum, acutifolium, angustifolium und fuscum) die Torfmoore und damit die Hochmoorlandschaft aufgebaut und geprägt hat. In den Sphagnumteppichen kann man die runden Blätter des Sonnentaus (drosera rotundifolia) finden, die sich allerdings mit ihrer rötlichen Farbe vom mitunter gleichartig gefärbten Sphagnum-Untergrund nur schwer abheben. In der Umgebung gedeiht die seltene Wenigblütige Segge (carex pauciflora) und das Pfeifengras (molinea coerulea). So schön die weiten Pfeifengrasflächen in der weiten Hochmoorlandschaft auch sein mögen, vor allem im Herbst, wenn sich unter dem Einfluß der ersten Fröste das Pfeifengras golden verfärbt, darf man nicht übersehen, daß das stark wuchernde Pfeifengras ein ausgesprochener Feind der Vennflora ist. Seinem starken, wuchernden Wachstum fällt rasch ein großer Teil der übrigen Vegetation zum Opfer.

Wo sich Sonnentau im Torfmoos findet, da, wo der Boden besonders naß ist und sich der Himmel in tückischen Blänken spiegelt, findet man die fadenartigen Zweige der Moosbeere (vaccinium oxycoccus) auf dem Moos liegen. Ihre roten, braungesprenkelten Beeren schmecken angenehm säuerlich. In der Nähe wächst gerne die Rosmarinheide (andromeda polifolia). Als die typische Pflanze der Torfmoorvegetation schlechthin gilt das Wollgras, das im Hohen Venn in zwei Arten vertreten ist, dem Scheidigen Wollgras (eriophorum vaginatum) und dem Schmalblättrigen Wollgras (eriophorum angustiforium). Auch das Sumpfblutauge (comarum palustre) ist hier beheimatet.

Nur an wenigen nassen Stellen findet der Wanderer heute noch den Fieberklee (menyanthes trifoliata), der trotz seines Namens und der großen, kleeförmigen Blätter kein Klee, sondern ein Enziangewächs ist. Kommt man auf trockeneres Gelände, beherrscht das Heidekraut (calluna vulgaris) das Bild, während die Glockenheide (erica tetralix) auf etwas feuchteren, auf anmoorigen Böden zu finden ist. In ihrer Gesellschaft blüht im Spätsommer stets der blaßblaue Lungenenzian (gentiana pneumonanthe) und das Sumpfläusekraut (pedicularis palustris).

In der Gesellschaft des Heidekrautes fühlen sich Waldbeeren (vaccinium myrtillus), Preisselbeere (vaccinium vitis idea)l und die Rauschbeere (vaccinium uliginosum) woh. Überall blüht im späten Frühjahr der zur Symbolblume des Hohen Venns gewordene Siebenstern (trientalis europaea), den man als botanisches Eiszeitrelikt im Hohen Venn ansehen kann. Er gehört mit den verschiedenen Beerensträuchern (Vaccinium-Arten) zu den sogenannten borealen Pflanzen im Hohen Venn, während man das Heidekraut als typischen Vertreter der Pflanzenwelt des atlantischen Klimabereiches anzusehen hat.

Auf trockeneren Böden entdeckt der Fachmann verschiedene, zum Teil recht seltene Flechtenarten. Als besondere botanische Kostbarkeit gilt der Kräuselblättrige Rollfarn (allosurus crispus), der im gesamten Vennbereich nur an einem einzigen Felsen im Perlbachtal vorkommt. Eine andere botanische Kostbarkeit muß heute allerdings als ausgestorben gelten, die Blauheide (phyllodoce coerulea). Noch Anfang der 60er Jahre dieses Jahrhunderts konnte man sie in wenigen Exemplaren im Grande Fagne finden, heute ist sie völlig verschwunden. Die Pflanze mit den großen, blaßlila Blütenglocken kommt nur noch in den Mooren Schottlands und Skandinaviens vor.

Erhalten, wenn auch ebenfalls nur noch in wenigen Exemplaren, blieb die Echte Krähenbeere (empetrum nigrum), die sich vor allem im Clefayvenn findet.

Typisch für manche Landstriche im Hohen Venn sind die Weidengebüsche, die vor allem aus der Ohrenweide (salix aurita), der Saalweide (salix cinerea) und der Kriechweide (salix repens) bestehen. Doch bilden die Weidenarten untereinander sehr leicht sehr verschiedene Ba-

Wildnarzissen

starde, so daß im Einzelfall eine genaue Bestimmung recht schwierig
sein kann.

Jede Pflanzenart ist an einen bestimmten Boden gebunden. Im Hohen Venn kann man das sehr grob so darstellen: Pflanzen der Torf-
mooszone, Pflanzen der anmoorigen Böden, Pflanzen der trockenen
Böden. Dazu kommen die künstlichen Pflanzengesellschaften, denen
wir im Hohen Venn in Form der Wälder begegnen. Über die Fichten,
als landschaftsfremde, aus wirtschaflichen Erwägungen eingeführte
künstliche Pflanzengesellschaft, ist hier bereits genügend gesagt worden. Weniger bekannt ist, daß die nach der Eiszeit das Hohe Venn prägende Kiefer (pinus silvestris) noch einige kleinere Bestände bildet.
Der eindrucksvollste ist der von Noir Flohay, etwa 30 Minuten Weg von
Baraque-Michel aus entfernt. 1855 wurde hier ein Bestand der Waldkie-
fer angepflanzt, von dem nach verschiedenen Bränden nur noch ein
Rest erhalten ist. Auch dieser Rest besteht zum Teil nur noch aus toten
Bäumen, die jedoch zum Eindrucksvollsten gehören, was es im Hohen
Venn zu sehen gibt. Feuer, Sturm, Regen, Schneelasten haben diese
Bäume verformt, so daß es aussieht, als ob sie sich immer noch in einer
Art Todeskampf drehen und winden würden. Schöne Kiefernbestände
findet man auch im Venn von Hoscheid.

Wacholder. An verschiedenen Stellen im Hohen Venn gab es früher
stattliche Wacholderbestände (juniperus communis). Sie sind fast alle
verschwunden. Lediglich am Oberen Bayehonbach blieb ein kleiner Bestand erhalten. Diese wenigen Wacholderbäume, die es im Hohen
Venn noch gibt, stehen seit langem unter Naturschutz.

Rotbuche. Der wichtigste Laubbaum in der Landschaft des Hohen
Venns ist die Rotbuche (fagus silvatica). Wenn sie im Hohen Venn auch
nur noch wenige Waldbestände prägt, so ist sie umso typischer und
prägender als Heckenbaum in den charakteristischen Windschutzhecken der Dörfer, sowohl den deutschen wie den belgischen. Die
Hecken sind so typisch, daß man auf deutscher Seite sogar vom Monschauer Rotbuchenheckenland spricht. Bis zu einer Höhenlage von
etwa 450 Metern hat man früher auch gerne Weiß- oder Hainbuche
(carpinus betulus) aus der Familie der Birkengewächse als Heckenbäu-
me verwendet.

Birken. Ein typischer Baum der Hochmoorregion ist die Birke, die sowohl als Moorbirke (betula pubescens) wie auch als Weißbirke (betula
pendula) vorkommt. Meist finden sich Birken als erste Gehölze im ver-
landenden Moorbereich, wo sie als starke Wasserverbraucher wesentlich zur raschen Verlandung beitragen. Einen schönen, wenn auch sehr
lichten Birkenbestand findet man im mittleren Hilltal, etwas oberhalb
der Einmündung des Spohrbaches.

Ilex. Die Stechpalme, wie man den Ilex (ilex aquifolium) auch nennt, bildet heute noch einige hübsche Bestände vor allem im Grande Fagne, aber auch an der Oberen Weser und im Venn von Hoscheid.

Gräser und Kräuter der Torfmoosregion

Im sogenannten Sphagnetum, dem vom Torfmoos geprägten Bereich in den Hochmoorlandschaften des Hohen Venns, finden sich neben dem Torfmoos vor allem folgende Pflanzen, die nachstehend aufgezählt und deren schönste und wichtigste etwas näher beschrieben werden sollen:

Rundblättriger Sonnentau (drosera rotundifolia);
Moosbeere (vaccinium oxycoccus);
Rosmarinheide (andromeda polifolia);
Siebenstern (trientalis europaea);
Fieberklee (menyanthes trifoliata);
Wollgras (criophorum vaginatum und eriophorum angustifolium);
Ährenlilie (narthecium ossifragum);
Sumpfblutauge (comarum palustre);
Geflecktes Knabenkraut (orchis maculata);
Sumpfveilchen (viola palustris);
Sumpfläusekraut (pedicularis palustris);
Krähenbeere (empetrum nigrum);
Sperrige Binse (juncus squarrosus);
Fadenbinse (juncus filiformis).

Sonnentau. Wo, wie es in Annette von Droste-Hülshoffs bekanntem Gedicht vom Knaben im Moor heißt „Unter jedem Tritt ein Quellchen springt", wächst die eigenartigste Pflanze des Hochmoores, der Rundblättrige Sonnentau. Da er im fast völlig mineralienfreien Gelände wächst, muß er sich seinen Lebensunterhalt nicht durch die Wurzeln, sondern über die Blätter besorgen. Die kleinen runden Härchen der Blattoberseite sind dicht mit Drüsen versehen, die einen klebrigen Saft absondern. Ihn hielt man früher für Tautropfen, die sich immer hielten. Das altdeutsche Wort für immer ist sin (vergleiche Sintflut). So kam der Name Sindau zustande, aus dem sich Sonnentau entwickelte. In den Tröpfchen fangen sich kleine Insekten, die von einem von der Pflanze abgesonderten Sekret zersetzt und verdaut werden. Mitunter kann man auf den Blättern des Sonnentaus noch die unverdaulichen Chitinteile eines Insektes sehen. Der Sonnentau blüht im August mit einer kleinen, weißen Blüte am Ende eines bis zu zehn Zentimetern langen Stengels.

Moosbeere. Kranichbeere nennt der Volksmund die Pflanze. Vielleicht, weil die hübschen, rosafarbenen Blüten in ihrer Form an einen langschnäbligen Vogelkopf erinnern. Vielleicht aber auch, weil die Kraniche, die als Zugvögel im Herbst im Hohen Venn Rast machen, die Beeren als Nahrung lieben. Moosbeeren sind sehr sauer. Man setzte sie früher in Notzeiten den Geleefrüchten bei, die dann dank der Säure ohne Zucker gelierten.

Siebenstern. Die zur Familie der Primelgewächse gehörende kleine Pflanze, deren stilisierte weiße Blüten zum Emblem des staatlichen Naturschutzgebietes im Hohen Venn, wie übrigens in ganz Belgien wurden, ist ein lebendes Zahlenwunder. In der Regel ist alles siebenfach an ihr vorhanden: sieben weiße Blütenblätter, sieben grüne Kelchblätter, sieben Laubblätter, sieben Staubgefäße in der Blüte, sieben Zacken an der Fruchtkapsel. Die Zahl sieben war früher bekanntlich eine heilige, eine magische Zahl. So maß man dieser lebenden Siebenzahl eine besondere Bedeutung bei und glaubte, der Siebenstern sei die Pflanze, die gegen den Tod gewachsen sei. Man nannte sie zeitweise sogar „Heil aller Welt".

Wollgras. Während beim Scheidigen Wollgras die weißen Flocken an der Spitze des Halmes stehen, quellen sie in wesentlich größerer Form beim Schmalblättrigen Wollgras seitlich hervor. Die Flocken sind allerdings nicht die Blüten, wie oft gesagt wird. Das Wollgras blüht genauso unscheinbar wie die meisten anderen Gräser. Es sind die Fruchtstände, die wie dicke Schneeflocken über die Landschaft zu wehen scheinen.

Ährenlilie. Die Ährenlilie wächst nur an ganz nassen Stellen im Hohen Venn. Früher fand man sie auch auf nassen, sumpfigen Viehweiden, wo das Vieh oftmals im Sumpf steckenblieb und sich die Knochen brach. Die Menschen machten die auffallend schönen goldgelben Blüten der Pflanze dafür verantwortlich und nannten sie Beinbrech oder Beinheil. So heißt die Pflanze stellenweise auch heute noch. Auch der botanische Name ossifragum bedeutet nichts anderes als Knochenbruch. Da die Ährenlilie nur auf völlig kalkfreiem Boden gedeiht, wo das Vieh natürlich auch nur kalkarme Nahrung findet, war Knochenbrüchigkeit als Folge des Kalkmangels natürlich sehr häufig. Insofern besteht tatsächlich ein Zusammenhang zwischen den Ährenlilien und der Knochenbrüchigkeit des Viehs.

Sumpfblutauge. Im nassen Bereich des Hochmoores findet man gelegentlich die dunkelroten Blüten des Sumpfblutauges aus der Familie der Rosengewächse. Die Pflanze entwickelt im Laufe des Sommers eine erdbeerartige schwammige Frucht. Sie wurde früher von den Bauern

Sonnentau

Moosbeerblüte

Ährenlilie

Siebenstern

87

der Venndörfer gesammelt. Man rieb damit die Milcheimer und Milch-
kannen aus, weil man auf diese Weise bei schwüler Gewitterluft das Ge-
rinnen der Milch verhindern konnte. Die Wurzel enthält einen stark fär-
benden roten Saft, den man früher zum Färben der selbstgesponnenen
Wolle benutzte.

Gräser, Kräuter und Gehölze der trockeneren Böden

Auf den anmoorigen und richtig trockenen Böden findet man vor allem
folgende Pflanzen:

Borstengras (nardus stricta);
Pfeifengras (molinea coerulea);
Bärwurz (meum athamanticum);
Kreuzblume (polygala vulgaris);
Lungenenzian (gentiana pneumonanthe);
Bergwohlverleih (arnica montana);
Narzisse (narcissus pseudonarcissus);
Seggen (verschiedene Carex-Arten);
Waldläusekraut (pedicularis silvatica);
Heidekraut (calluna vulgaris);
Glockenheide (erica tetralix);
Waldbeere (vaccinium myrtillus);
Sumpfheidelbeere (vaccinium uliginosum);
Preisselbeere (vaccinium vitis idea);
Blutwurz (tormentilla erecta);
Schlangenwurz (polygonum bistorta).

Bärwurz. Als Duftemoos oder Alpenfenchel wird diese auf trockenen,
nährstoffarmen Böden wachsende Pflanze mit den großen weißen Dol-
denblüten und den fein zerschlitzten Blättern bezeichnet. Sie ist eine
Seltenheit in unserer Gegend, sie ist sonst nur in den Alpen und im
Bayrischen Wald verbreitet, wo aus ihrer Wurzel ein scharf schmecken-
der, aber sehr bekömmlicher Schnaps, der Bärwurz gebrannt wird.
Bergwohlverleih. Leider gehört die Arnica heute zu den seltensten
Wildblumen im Hohen Venn. Früher war sie auf den mageren Böden
recht häufig. Die künstliche Düngung aller landwirtschaftlich genutzten
Flächen hat der in der Volks- wie Schulmedizin bis heute so beliebten
Pflanze weitgehend den Garaus gemacht.
Narzissen. Die wilde gelbe Narzisse bedeckt im Frühjahr mit ihren
leuchtend gelben Blüten zu Abertausenden die Talwiesen in den Tälern

am Vennrand und steigt stellenweise bis auf die Höhe zur Botrange hinauf. Diese Narzissenwiesen sind jedes Jahr regelrechte Ziele ganzer Prozessionen von Wanderern und Ausflüglern, die zum Teil sogar mit Omnibussen ankommen.

Heidekraut. Der Name Gemeines Heidekraut mag so gar nicht zu der Pflanze passen. Wer sich einmal die Mühe macht, die vielen kleinen Blütenglöckchen anzuschauen, die da dicht bei dicht an den Stielen sitzen, wird verstehen, warum die alten Griechen die Pflanze Calluna nannten, die Schönäugige.

Glockenheide. Meist blüht die Glockenheide rosa, seltener findet man die rein weißen Blüten, die früher stets als Vorboten kommenden Glückes galten.

Sumpfheidelbeere. Unkundige verwechseln oft die Früchte der Sumpfheidelbeere mit denen der echten Waldbeere. Tückischerweise wachsen beide Pflanzen oft eng nebeneinander. Nur genaues Hinsehen schützt vor Schaden, denn die innen weißen, geschmacklosen Früchte der Sumpfheidelbeere gelten als leicht giftig und können bei empfindlichen Menschen Kopfschmerzen, Schwindelanfälle und Kreislaufstörungen hervorrufen. Darauf beruhen ihre volkstümlichen Namen Rauschbeere oder Trunkelbeere. Der Name Nebelbeere, den sie auch trägt, bezieht sich auf den weißlichen, reifartigen Belag der Früchte. Demgegenüber ist die echte Waldbeere dunkelblau und innen dunkelrot. Bekanntlich hat sie einen recht würzigen Geschmack. Die Blätter der Sumpfheidelbeere sind größer und haben einen Stich ins bläuliche. Insgesamt sind die Sträucher der Sumpfheidelbeere etwas derber und größer als die der echten Waldbeere.

Pflanzen in den Venntälern

In den Tälern, die vom Hohen Venn wegführen oder wie die Hill sich einen Weg durch das Hochplateau gegraben haben, finden sich eine Reihe schöner und zum Teil recht seltener Pflanzen. Dazu gehören:

Gelber Eisenhut (aconitum vulparia). Er ist die giftigste Art aller Eisenhutgewächse. Früher zog man ein Wurzelstück der Pflanze durch einen als Köder ausgelegten Fleischbrocken zur Wolfsbekämpfung.

Platanenblättriger Hahnenfuß (ranunculus platanifolius). Diese stattliche, bis zu einem Meter hoch werdende Hahnenfußart findet sich nur in den Tälern auf dem westlichen Vennrand, vor allem im Warchetal.

Seidelbast (daphne mezereum). Der kleine Strauch ist ein sehr selten gewordener, stark duftender Frühjahrsblüher in den Talhängen einiger Vennbäche.

Einbeere (paris quadrifolia). Sie ist eine hübsche, seltene Blume, die im Halbschatten der Laubwälder und Mischwälder wächst und mit einer blauschwarzen Scheinfrucht aufwartet.

Salomonssiegel (poligonatum officinale).

Weißwurz (poligonatum multiflorum).

Quirlblättrige Weißwurz (poligonatum verticillatum). Der Blütenstand dieser recht seltenen Art erinnert an eine Miniaturbananenstaude.

Wie Salomonssiegel und Weißwurzarten gehören auch die beiden folgenden Blumen zur Familie der Liliengewächse:

Maiglöckchen (convallaria majalis);

Schattenblume (majanthemum bifolium).

Eine sehr schöne Farnart, der man hier und da auf feuchten Laubwaldböden in den Venntälern begegnet, ist der **Rippenfarn (blechnum spicant).** Männliche und weibliche Wedel haben bei dieser Farnpflanze völlig unterschiedliches Aussehen.

Diese Aufzählung der Pflanzen im Hohen Venn ist natürlich bei weitem nicht lückenlos. Das soll und kann sie auch nicht sein. Sie soll vielmehr nur die häufigsten und auffälligsten Pflanzen nennen, die der Wanderer sowohl in den Hochmooren, in den Wäldern wie auch in den Schluchttälern finden kann. Es wurde bewußt darauf verzichtet, genaue Standorte der einzelnen Pflanzen anzugeben. Der „Pflanzen-Such-Tourismus" hat schon mehrfach zum Verschwinden seltener Pflanzen geführt. Der engagierte Blumenfreund wird wissen, in welchem Biotop er welche Pflanzen zu suchen hat, und er wird sie finden. Notfalls mit Hilfe von seriösen Ansprechpartnern, wie den offiziellen Wanderführern im Hohen Venn.

Die Tierwelt im Hohen Venn

Pflanzen, die blühenden Edelsteine in der Natur des Hohen Venns, können nicht weglaufen, können nicht Reißaus nehmen vor den Menschen. Bei den Tieren, den fliegenden, laufenden, kriechenden oder schwimmenden, ist das anders. Abgesehen von ein paar Vogellauten, kann es vorkommen, daß man einen ganzen Tag im Venn unterwegs ist und kein Tier zu sehen oder zu hören bekommt. Und dann gleich sein Urteil fertig hat: das Hohe Venn sei extrem arm in seiner Tierwelt.

Das stimmt ganz und gar nicht. Es gibt im Hohen Venn, in der offenen Moorlandschaft wie in den Wäldern und den Randgebieten eine sehr artenreiche Tierwelt. Nur wartet sie nicht auf den Besucher wie die Blumen am Wegesrand. Es braucht manchmal viel Glück, Geduld und Erfahrung, um das ein oder andere Tier sehen zu können.

Die Vogelwelt

Am ehesten wird man die Tierwelt des Hohen Venns noch in seiner Vogelwelt erfahren, zumindest akustisch oder im kurzen Erhaschen eines vorbeifliegenden Vogels. Immerhin gibt es im gesamten Bereich des Hohen Venns rund 160 verschiedene Vogelarten.

Den Symbolvogel des Hohen Venns, den Birkhahn oder das Birkhuhn, wird man nur mit sehr, sehr viel Glück einmal zu Gesicht bekommen. Der große Hühnervogel ist selten geworden und lebt heute nur noch in unzugänglichen Schutzgebieten, wo der Bestand genau überwacht und geschützt wird. Nach den letzten Zählungen gibt es heute im Hohen Venn noch zwischen 80 und 90 Birkhühner.

Ob der zweite im Hohen Venn zumindest zeitweise beheimatete Hühnervogel, das Schottische Moorschneehuhn, noch im Hohen Venn lebt, ist zweifelhaft. Anfang dieses Jahrhunderts wurde das bei den Jägern als Grouse sehr beliebte Moorschneehuhn, das sonst nur auf den britischen Inseln lebt, im Hohen Venn eingebürgert.

Als Bodenbrüter war das Moorschneehuhn natürlich ebenso wie das Birkhuhn sehr empfindlich für Störungen beim Brutgeschäft. Solche Störungen kamen vor allem durch Wanderer und deren trotz aller Verbote immer wieder mitgeführten Hunde. Offiziell gilt das Moorschneehuhn im Hohen Venn inzwischen als ausgestorben. Möglicherweise ist das jedoch eine Schutzbehauptung, um Neugierige aus den potentiellen Brutgebieten wegzuhalten. Falls es das Grouse im Hohen Venn noch gibt, dann mit Sicherheit nur in unzugänglichen Schutzzonen.

Im freien Vennland brüten nur wenige Vogelarten. Zu nennen sind vor allem der Wiesenpieper, der Feldschwirl, der sich gerne zwischen den Büschen der Sumpfheidelbeere aufhält. Vereinzelt kommen auch Kiebitze vor. Sie nisten gerne im Bereich von Seggen und Wollgras. Auch die Bekassine kommt im Hohen Venn noch vor, vor allem im Bereich von dichten Binsenbeständen. Einige gefiederte Kostbarkeiten kann der Vogelfreund an den Wasserläufen im Hohen Venn oder Venn-

rand und in deren Nähe finden. Die schönste ist sicherlich der buntge-
färbte Eisvogel. Dieser am farbenprächtigsten leuchtende Vogel unserer Region lebt in einigen wenigen Brutpaaren noch am Rande des Hohen Venns. Als Akrobatin unter Wasser kann man gelegentlich die Was-
seramsel mit ihrem markanten weißen Brustfleck beobachten. Sie kann
sowohl auf dem Wasser schwimmen als auch unter Wasser und auf
dem Grunde der Bäche entlanglaufen, um Nahrung zu suchen.

Am Ufer mancher Vennbäche kann man auch die hübsche, gelb gefärbte Gebirgsbachstelze finden, die Verwandte der häufig anzutreffen-
den Bachstelze. Braunkehlchen und Schwarzkehlchen leben im Hohen
Venn, sind jedoch recht scheue Vögel, die man nur selten zu sehen bekommt.

Stets kann man hoch über dem Vennland die Feldlerche beobachten,
die sich im weiten freien Land sehr wohl fühlt und gerne sehr hoch
ihre Spiralen dreht. Sehr hoch fliegt auch der Turmfalke, der als Jagd-
gebiet den Luftraum über dem offenen Vennland liebt. Hier, aber auch
über den Wäldern zieht der Bussard seine Kreise.

Weitere Vögel, die im Hohen Venn oder in den Gebüschzonen des Hohen Venns zu beobachten sind:

die Dorngrasmücke, die Heckenbraunelle, der Fitislaubsänger, der
Zilpzalp, der Raubwürger, der Neuntöter, der Kuckuck, der Baumpie-
per, die Wacholderdrossel, der Ziegenmelker, auch Nachtschwalbe genannt, und natürlich die schwarze Rabenkrähe.

Unter den Eulen sind die Waldohreule zu nennen, die Sumpfohreule,
der Waldkauz und der seltene Rauhfußkauz.

Schließlich sollen noch einige typische Vögel der Waldregion genannt
werden, die beim Wandern durch die Wälder im Venngebiet gehört
oder gesehen werden können:

der Habicht, der Schwarzspecht, der Grauspecht, der Grünspecht,
der Buntspecht, der Kleiber, auch als Spechtmeise bekannt, und der
Fichtenkreuzschnabel. Bei einer Gesamtzahl von rund 160 verschiedenen Vogelarten ist das natürlich nur ein kleiner Ausschnitt aus der Vogelwelt.

Die Säugetiere

In den Wäldern leben Rothirsch, Rehwild und Schwarzwild (Wild-
schweine). Von den Raubtieren sind in den Vennwäldern vertreten der
Rotfuchs, der Steinmarder, der Iltis, das Wiesel, das Hermelin und ganz
selten noch der Dachs. Es gibt auch Hinweise, daß zumindest am Venn-

rand der Fischotter, wenn auch nur hin und wieder bei seinen großen Wanderungen anzutreffen ist. Auch die echte Wildkatze gilt in einigen schluchtartigen Tälern am Rande des Hohen Venns sowohl auf deutscher wie auf belgischer Seite wieder als heimisch.

Hasen, Waldmäuse, Feldmäuse, Erdmäuse und Eichhörnchen vertreten die Nagetiere, während Maulwurf, Spitzmaus und Igel als insektenfressende Säugetiere zu nennen sind.

Andere Tiere

Zu den Reptilien ist festzustellen, daß es im Hohen Venn keine Kreuzottern (mehr) gibt. Es gibt überhaupt keine Giftschlangen mehr. Die einzige heute noch anzutreffende Schlangenart ist die völlig harmlose Ringelnatter, während die vor einigen Jahrzehnten hier noch beheimatete Glattnatter, ebenfalls harmlos, heute nicht mehr nachgewiesen ist. Bergeidechsen und die ihr verwandte Blindschleiche sind heute noch im Hohen Venn zu Hause. Besondere Kostbarkeiten in der Tierwelt sind der Feuersalamander, Bergmolche und Kammolche. Moorfrosch, Grasfrosch und Erdkröte sind verhältnismäßig häufig anzutreffen.

Aufmerksamen Wanderern fällt immer wieder auf, daß es in den Wasserläufen des Hohen Venns keine Fische gibt. Das liegt nicht, oder nicht nur daran, daß das sehr stark huminsäurehaltige Wasser dieser Bäche den als Nahrung für die Fische dienenden Kleinlebewesen keine Existenzmöglichkeiten gibt. Tatsächlich galten Hill, Hoegne, Soor und Gileppe noch um die Jahrhundertwende als ausgesprochen reich an Forellen. Forellen leben als Raubtiere aber vor allem von Insekten, die sie über der Wasseroberfläche schnappen. Darauf beruht letztlich ja auch das sogenannte Fliegenfischen auf Forellen. Durch die Fichtenwälder, zwischen denen die Vennbäche vielfach wie Kanäle hinfließen, gibt es jedoch im Uferbereich der Wasserläufe keine Insekten mehr, die aufs Wasser geraten und von Forellen gefangen werden könnten. Erst wo im jeweiligen Unterlauf die Bäche durch offenes Wiesenland fließen, an naturbelassenem Buschwerk vorbei, gibt es genug Nahrungsangebot für Forellen. Das saure Wasser spielt natürlich auch eine ganz wesentliche Rolle.

Der früher in einigen Bächen am Vennrand lebende Flußkrebs muß als ausgestorben angesehen werden.

Der Perlenbach am Rande des Hohen Venns war einmal berühmt wegen der in ihm lebenden Flußperlmuschel. Heute gibt es noch dreißig (!) Flußperlmuscheln im Perlbach und seinem Oberlauf, dem Schwalmbach. Im Frühjahr 1994 sollen diese Muscheln aus ihrem Lebensbereich

im mittleren Perlenbachtal umgesiedelt werden in einen höher gelegenen Quellfluß des Perlenbaches, da dort die Wasserqualität nicht durch
den Truppenübungsplatz Elsenborn und durch Fischteiche beeinträch-
tigt ist.

Auch Insekten, und alles, was da kreucht und fleucht, gehören natürlich zur Tierwelt. Es würde zu weit führen, im einzelnen auf die Vielzahl
der Kleinlebewesen einzugehen, denen man bei Wanderungen im
Venn auf dem Boden, in den Gräsern, in den Sträuchern begegnen
kann. Ein paar Hinweise müssen hier genügen. Auf Hochmoortümpeln
kann man Wasserjungfern zuschauen, den Gemeinen Binsenjungfern,
Schlankjungfern und den Azurjungfern. Verschiedene Libellen, wie die
kleine Moosjungfer, die Torfmosaikjungfer und die blaugrüne Mosaik-
jungfer kann man in der Nähe der Gewässer sehen. Andere Wasserin-
sekten sind der Wasserläufer, der Taumelkäfer, der Schiefer-Rücken-
schwimmer, die Rauchwanze und der Furchenschwimmer. Diese Insekten kann man auf und im Wasser der Tümpel, aber auch stehender Teile der Wasserläufe beobachten. Auf dem Lande begegnet man vor allem
den Seiden-Schwebefliegen, die im Aussehen etwas an Wespen erinnern. Unter der Vielzahl der Schmetterlinge ist vor allem der Perlmut-
terfalter zu nennen, der sich die rosafarbenen Blütenkolben des Wie-
senknöterichs als Wirtspflanze aussucht. Daneben findet man den Feu-
erfalter und an den Wollgräsern den Heufalter.

Naturschutz und Tourismus im Hohen Venn

Wenn auch die strengen Naturschutzbestimmungen, die das Wandern
im Hohen Venn heute empfindlich einschränken, erst wenige Jahre alt
sind, so lassen sich die Bestrebungen, die einzigartige Hochmoorlandschaft des Hohen Venns besonders zu schützen, doch bis in die ersten
Jahre dieses Jahrhunderts zurückverfolgen.

1907 erschien eine erste Studie über die Besonderheiten der Pflanzenwelt im Hohen Venn mit der Forderung nach umfassenden Schutz-
maßnahmen. Professor Leon Fredericq aus Lüttich und Professor
Eckert aus Aachen arbeiteten eng zusammen mit dem Ziel, weite Teile
des Hohen Venns schützen zu lassen. 1911 wurde in Verviers die „Ligue
de la Defense de la Fagne" gegründet. Sie war die erste Vereinigung,
die sich den Schutz des Hohen Venns als Ziel gesetzt hatte. Im gleichen

Hinweisschild Schutzzone C   *Ein „Guide Nature" im Venn*

Jahr übernahm der deutsche Eifelverein diese Forderung. Damals war ja ein großer Teil des Hohen Venns noch deutsches Gebiet.

Aus der 1911 gegründeten Ligue wurde 1935 die Gesellschaft der Amis de la Fagne, die unter Führung von Professor Freyens bald ein wichtiges Mitspracherecht bei allen Maßnahmen bekam, die die Veränderung des Landschaftsbildes im Hohen Venn betraf. 1938 legte der Lütticher Professer Buinne einen fertig ausgearbeiteten Plan für einen Naturschutzpark Hohes Venn vor.

Nachdem 1940 deutsche Truppen Belgien besetzt und mit den Kreisen Eupen und Malmédy weite Teile des Hohen Venns „heim ins Reich" geholt hatten, wurde das Venn kurzfristig zum Nationalpark erklärt.

Damit war es dann nach dem Krieg zunächst vorbei. Erst 1957 wurde der Naturschutzpark Hohes Venn geschaffen, der im Wallonischen Venn, dem Grande Fagne und dem Venn von Deux-Series eine Fläche von rund 2000 Hektar unter Schutz stellte. Auf deutscher Seite war bereits ein Jahr früher das einzige bei Deutschland verbliebene Vennstück, das Wollerscheider Venn, durch die Gemeinde Lammersdorf, heute Simmerath, zum Naturschutzgebiet erklärt worden.

Der nächste Schritt zum Schutz der Vennlandschaft war die Schaffung des belgischen Naturparks Hohes Venn–Eifel im Sommer 1963. Er wurde 1971 mit dem deutschen Naturpark Nordeifel zum deutsch-belgischen Naturpark Nordeifel–Hohes Venn zusammengeschlossen. Bis zu diesem Zeitpunkt stand im Vordergrund der Bemühungen der Schutz der Landschaft vor Beeinträchtigungen durch Bauten, Straßenbaumaßnahmen, Talsperrenbauten, Fichtenanpflanzungen oder Drainagemaßnahmen. Doch mehr und mehr tauchte ein neues Problem auf, das sich rasch zur Gefährung entwickelte: der Tourismus, vor allem der Wandertourismus im Hohen Venn. Die Weite der Landschaft, die Schönheit der Hochmoore und kleinen Venntäler, nicht zuletzt die Kunde von seltenen Blumen und Vögeln (Birkhahn, Moorschneehuhn, Wildnarzissen) lockten immer mehr Menschen ins Venn. Einzeln und in Gruppen kamen sie zu Hunderten, zu Tausenden. Sie folgten stunden- und auch tagelang den schmalen Pfaden durch das Moor und hinterließen ihre Spuren. Abfälle „zierten" bald das Venn, unzählige Schuh- oder Stiefelsohlen zertrampelten eine in ihrer Zusammensetzung in Europa einzigartige Pflanzenwelt. Es mußte Abhilfe geschaffen werden.

Kilometerweit wurden Holzstege durch das Venn verlegt. Nicht um den Wanderern trockene Füße zu garantieren, sondern um die Vegetation vor dem Zertretenwerden zu schützen. Der Erfolg war nicht eben durchschlagend. Vor allem deshalb nicht, weil der Besucherstrom immer weiter anwuchs. Inzwischen zählt man bis zu einer halben Million Besucher jährlich im Hohen Venn.

Daraufhin entschloß sich die Forstverwaltung der Wallonie, das Hohe Venn entsprechend einem belgischen Gesetz von 1975 mit Wirkung vom 1. Januar 1992 an in vier Zonen einzuteilen, in die Zonen A, B, C und D. Die Zone A darf von jedermann jederzeit betreten werden, von einer halben Stunde vor Sonnenaufgang bis zu einer halben Stunde nach Sonnenuntergang.

Die Zone B darf ebenfalls von jedermann in der genannten Zeit betreten werden, allerdings nur auf den dafür vorgesehenen und markierten Wegen.

Die Zone C, die den größten Teil der freien Vennflächen im Grande Fagne, dem Venn von Deux-Series, dem Wallonischen Venn, dem Brackvenn und dem Allgemeinen Venn umfaßt, darf nur in Begleitung von autorisierten Naturführern (Guide Nature) betreten werden. Jedes selbständige Betreten der Zonen ist verboten und wird bestraft. Kontrollen sind ständig unterwegs.

Die D-Zonen dürfen überhaupt nicht betreten werden, sie sollen unter anderem dem bedrohten Birkwild eine Schutz- und Ruhezone gewährleisten.

Die Genehmigung, als Guide Nature Wanderer einzeln oder in Gruppen durch die Bereiche der C-Zone zu führen, ist von einer Zulassung durch die Forstverwaltung der Wallonie abhängig. Diese Zulassung wird nur erteilt, wenn die Bewerber sich einer speziellen, langwierigen und umfassenden Ausbildung unterziehen und zum Abschluß eine entsprechende Prüfung ablegen. Französischsprachige Bewerber werden im Centre Nature an der Botrange, dem Naturparkzentrum, ausgebildet, deutschsprachige in der Naturkundlichen Bildungsstätte Haus Ternell bei Eupen. Die Ausbildung dauert 18 Monate und umfaßt alle Bereiche der Naturkunde, Botanik, Zoologie in allen Bereichen, Wetterkunde, Kartenkunde, Geologie und Morphologie der Vennlandschaft, Geschichte ebenso wie einschlägige Rechtsvorschriften. Zum Abschluß müssen die Bewerber eine Diplom-Arbeit anfertigen, ein schriftliches Examen und eine mündliche Prüfung bestehen. Erst dann bekommen sie ihre Zulassung und die als Ausweis dienende Armbinde mit dem Emblem des staatlichen Naturschutzgebietes, der stilisierten Siebensternblüte.

Doch auch die Naturführer haben nicht generell freien Zutritt zu den C-Zonen. Sie müssen ihre geplanten Wanderungen bei der Forstbehörde anmelden, und sie dürfen die Wanderungen nur zwischen 10 und 16 Uhr durchführen. Zu bestimmten Zeiten können darüber hinaus aus Gründen des Vogelschutzes (Brutzeit) oder der Jagd einzelne Bereiche der C-Zonen gesperrt werden.

Völliges Zugangsverbot für jedermann besteht für alle Vennbereiche, wenn am Zugang zum Venn rote Fahnen aufgezogen sind, die besondere Brandgefahr signalisieren. Brände bedeuten eine existenzielle Gefahr für das Hohe Venn. Nicht nur der Waldbestand ist von der Vernichtung bedroht, die Gefahr liegt ja vor allem darin, daß sich das Feuer in den Torfboden einfressen und auf diese Weise außer Kontrolle geraten kann. Immer wieder haben verheerende Brände tausende von Hektar Wald oder Vennlandschaft zerstört, so 1911, 1942, 1947, 1964, 1968, 1971, 1974 und zuletzt 1987. Die Ursachen waren wohl nie die legendären Flaschen, die irgendwo herumlagen und in der Sonne als Brennglas wirkten, sondern in der Regel Leichtsinn. Weggeworfene Zigaretten zum Beispiel! So gehört das absolute Rauchverbot heute ganz selbstverständlich zu jeder Wanderung im Hohen Venn.

Die überaus empfindliche Hochmoorlandschaft ist durch den Massenandrang der Besucher stärker bedroht, als sich das der einzelne Besucher wahrscheinlich vorstellen kann. Für ihn mögen die Reglementierungen vielleicht übertrieben, unverständlich sein. Dieses grandiose Gesamtbiotop Hohes Venn kann jedoch nur überleben, wenn jeder einzelne Besucher den Schutz der Landschaft und vor allem ihre

Hochmoore und deren Vegetation und Tierwelt ernst nimmt. Deshalb seien nachstehend die wichtigsten Schutzvorschriften und -verbote zusammengestellt:

Das Betreten des Naturschutzgebietes ist nur auf den dafür vorgesehenen Wegen und in den dafür vorgesehenen Zonen, gegebenenfalls nur in Begleitung erfahrener und verantwortlicher Führer erlaubt. Jeder Schritt vom vorgesehenen Wege abseits, und sei es nur, um einen besseren Standort für eine Fotoaufnahme zu bekommen, kann kostbare Vegetation zerstören und ist daher verboten. Der unsinnige Ausspruch „einmal ist keinmal" gilt hier absolut nicht.

Nachtwandern, das heißt Aufenthalte im Naturschutzgebiet nach Sonnenuntergang, sind grundsätzlich verboten.

Hunde sind im Naturschutzgebiet des Hohen Venns verboten. Sie haben als Begleiter auf Wanderungen im Hochmoor nichts zu suchen, auch nicht an der Leine! Der Grund ist vor allem der, daß selbst angeleinte Hunde eine empfindliche Störung für die Bodenbrüter unter den Vögeln bedeuten können.

Rauchen ist im Hohen Venn und in den Vennwäldern selbst auf festen Wegen oder Straßen grundsätzlich verboten! Die Brandgefahr ist immens, viel größer, als man sich das gemeinhin vorstellen kann. Aus dem gleichen Grund ist jede Art von Feueranzünden, ob nun als romantisches Lagerfeuer, zum Trocknen nasser Socken oder zum Grillen der Würstchen verboten. Ganz gleich wo. Auch auf einem Stein im Wasser. Wenn Waldarbeiter Feuer anzünden, ist das eine ganz andere Sache.

Jede Art von Abfall, auch verweslicher, selbst ein kleiner Apfelkitsch oder Bananenschalen gehört in den Rucksack. Selbst solche organischen Abfälle können den empfindlichen pH-Haushalt der Vennatur beeinträchtigen und stören. Daß anderer, nicht organischer Abfall nicht in die Landschaft gehört, weder „diskret" unter einem Stein versteckt noch in den Boden eingegraben, versteht sich. Jede Art von Abfall hat im Rucksack allemal Platz. „Trägt man den gefüllt daher, ist er heimwärts auch nicht schwer", ist ein Motto, das man sich immer merken sollte.

Jede Pflanze im Naturschutzgebiet, mag sie noch so häufig sein, ist geschützt. Weder Blüten noch Blätter oder Stiele dürfen abgepflückt oder beschädigt werden. Wurzeln und Zwiebeln (Narzissen!) dürfen nicht ausgegraben werden. Bei einer halben Million Besucher in der Landschaft läßt sich unschwer ausmalen, was von der Vennflora blie-

be, würden diese Verbote nicht eingehalten und Verstöße dagegen rigoros geahndet. Spazierstöcke kann man sich gut von daheim mitbringen. Bäume und Sträucher am Wegesrand sind keine Spazierstocklieferanten.

Auch wenn manche „Sportler" es als besondere sportliche Herausforderung ansehen, die schmalen Holzwege im Venn mit Fahrrädern und Mountain-Bikes zu befahren und Fußwanderer in den Sumpf zu drängen, sollte das schlechte Beispiel, das in dieser Hinsicht manche radsportbegeisterten belgischen Vereine im Hohen Venn abgeben, fürs Nachahmen tabu sein. Die Stege sind zum Wandern, nicht zum Radfahren da.

Wer lärmt, hört nichts. Transistorradios und andere Lärminstrumente haben im Hohen Venn nichts verloren. Vogelstimmen, das Rauschen oder Murmeln fließenden Wassers, das Rauschen des Windes sind die Geräusche der Hochmoorlandschaft. Vielleicht auch das Singen des Wassers, das trotz aller Vorsicht in die Stiefel von oben hineinläuft. Viele Menschen wandern durch das Hohe Venn, weil sie dem Zivilisationslärm entfliehen wollen, jeder sollte das berücksichtigen.

Zelten und anderes Campieren (übernachten) ist im Hohen Venn nicht gestattet. Mögen einsame Forststraßen, die bequem zu schönen Standplätzen im Wald oder Venn hinführen, für Wohnmobilfahrer noch so verlockend sein, die Verbotsschilder an diesen Wegen sind international die gleichen, ob in Belgien, Deutschland oder den Niederlanden. Die Durchfahrt ist verboten, auch wenn nicht zusätzlich eine Schranke angebracht ist. Das Hohe Venn mit seiner empfindlichen Landschaft ist auch kein Tummelplatz für Überlebenskünstler. Survivalcamps haben im Hohen Venn nichts zu suchen.

Die vielen Wegekreuze und Gedenksteine sind altehrwürdige Zeugnisse vergangener Zeiten. Es ist schön, wenn die Natur Moose und Flechten darauf wachsen läßt. Die eingravierten Namen von Vorbeikommenden zeugen allerdings bestenfalls von der Dummheit derer, die sich an solchen Stellen verewigen.

Hände weg von Vogelnestern, Eiern, Jungvögeln oder Jungtieren. Sie sind nicht verlassen, das Muttertier oder die Vogeleltern warten in der Nähe darauf, daß die Menschen weitergehen. Auch Ameisenhaufen sollte man bestaunen, aber nicht anrühren oder gar auseinandernehmen. Ameisen spielen eine wichtige Rolle als Schädlingsbekämpfer im Wald.

Hinweise für Vennwanderer

Auskunftsstellen

Die folgenden Stellen geben allgemeine Auskünfte über das Hohe Venn, jeweils in der Umgebung des betreffenden Ortes, über Unterkunftsmöglichkeiten, Zugangsmöglichkeiten, Verkehrsverbindungen und über geführte Wanderungen:

Monschau Touristik GmbH, Stadtstr. 1, D – 52156 Monschau, Telefon 02472/3300;

Fremdenverkehrsamt Eupen, Bergstr. 6, B – 4700 Eupen, Telefon 0032/87/553450 und 553902;

Syndicat d'Initiative, Place de Chatelet 10, B – 4960 Malmédy, Telefon 0032/80/330250;

Syndicat d'Initiative, 41, Place royale, B – 4880 Spa, Telefon 0032/87/772510 und 772519.

Spezielle Auskünfte über das Hohe Venn, über Wanderwege und über geführte Wanderungen geben:

Centre Nature, Naturparkzentrum Botrange, B – 4889 Robertville, Telefon 0032/80/445781;

Naturkundliches Zentrum und Bildungsstätte Haus Ternell, Ternell 2-3, B – 4700 Eupen, Telefon 0032/87/552313;

Informationsbüro des Staatlichen Naturschutzgebietes Hohes Venn, Signal de Botrange, Route de Botrange 133, B – 4950 Robertville, Telefon 0032/80/447273.

Bekleidung

Wer im Hohen Venn wandern will, sollte bedenken, daß er sich in einer extrem niederschlagsreichen Landschaft befindet, in der er trotz kilometerlanger Holzstege damit rechnen muß, nasse Füße bekommen zu können. Wetterfeste Kleidung sollte also immer dabei sein, zumindest ein Regenumhang im Rucksack. Am besten tritt man eine Vennwanderung grundsätzlich in Gummistiefeln an.

Bestimmungsbücher

Wer sich unterwegs beim Wandern im Hohen Venn detailliert darüber informieren will, welchen Pflanzen er begegnet, sollte „Pareys Blumenbuch" aus dem Verlag Paul Parey dabei haben. Das handliche Taschenbuch, das bequem in jede Jacken- oder Rucksacktasche paßt, gibt leicht verständlich und zuverlässig Auskunft.

Vogelfreunden sei das aus dem gleichen Verlag stammende „Pareys Vogelbuch" zur Mitnahme empfohlen. Außerdem sollte man ein gutes Fernglas dabei haben, das ohnehin bei der oft weiten Sicht über die Vennlandschaft sinnvoll ist.

Brandmeldestellen

Feuer im Hochmoor kann katastrophale Ausmaße annehmen. Je eher es gemeldet und damit bekämpft werden kann, umso besser. In Deutschland wählt man die Notrufnummer der Feuerwehr 112. In Belgien sollte man eine der folgenden Brandmeldestellen informieren:

Botrange, Telefon 080/446792;
Forsthaus Hattlich, Telefon 087/554119;
Forsthaus Petergensfeld, Telefon 087/851932.

Einkehrmöglichkeiten

Wandern macht hungrig und durstig. Leider sind die Häuser, in die man einkehren kann, um wieder fit zu werden, nicht immer so gastlich, wie der Name Gasthaus erwarten lassen könnte. Besonders in viel besuchten Fremdenverkehrsgebieten steht den Wirten der Sinn eher nach Massen-Schnellabfertigung und Nepp als nach echter Gastlichkeit. Ausnahmen bestätigen die Regel. Nachfolgend einige Häuser, in denen man teils fürstlich bewirtet wird, teils in uriger Atmosphäre einkehren und sich stärken kann. Immer aber stimmt in diesen Häusern das Verhältnis von Preis und Leistung:

Hotel-Restaurant Perlenau, idyllisch gelegenes Haus im unteren Perlenbachtal, italienische Küche, Schwingsborn, 52156 Monschau, Telefon 02472/2228;

Gasthaus Zur Buche, einfaches Gasthaus, bodenständige Speisen, kleine Imbisse, Mützenich, Im Brand 39, 52156 Monschau, Telefon 02472/1497;

Restaurant Zaunkönig, kleines, gepflegtes Restaurant in einem alten Bauernhaus, deutsche und türkische Küche, Kauferberg 23, 52156 Monschau, Telefon 02472/2151;

Hotel-Restaurant-Café Baraque-Michel, mitten im Hohen Venn gelegenes Haus, teils urige Vennwandererkneipe, teils anspruchsvolles Restaurant mit Terrasse zum Venn hin. Sehr gute Küche, Ardenner und belgische Spezialitäten. Besonders empfehlenswert: Schinkenbrot mit Ardenner Schinken und Trappistenbier. An der Landstraße zwischen Eupen und Malmédy gelegen. B – 4804 Jalhay, Telefon 0032/80/444801;

Moulin du Bayehon, Bayehonmühle, urige Mühlengaststätte im Bayehontal zwischen Ovifat und Longfaye;

Restaurant-Hotel des Bains, exquisites Feinschmeckerlokal am Rande des Hohen Venns, mittags Bistrobetrieb, abends Tischbestellung erforderlich. Lac de Robertville 2, B – 4950 Weismes, Telefon 0032/80/679571.

Geführte Wanderungen

Sowohl das Centre Nature Botrange wie die Naturkundliche Bildungsstätte Haus Ternell veranstalten geführte Wanderungen durch das Hohe Venn. Sie vermitteln auch von der Forstverwaltung zugelassene Führer (Guide Nature). Solche Führer werden auch vom Informationbüro des Naturschutzgebietes Botrange vermittelt sowie von der Monschau Touristik. Auf die Planung, Organisation und Durchführung anspruchsvoller Wanderungen für Schulen, Lehrerkollegien oder Betriebsausflüge im Hohen Venn spezialisiert ist die offizielle Guide Nature Gisela Wendt, Am Grindel 1, 52156 Monschau, Telefon 02472/7061, Fax 02742/1276.

Insektenschutz

Im Sommer können verschiedene Insekten wie Gnitzen, Kriebelmücken, Steckmücken und Bremsen das Wandern im Hohen Venn beschwerlich machen. Man sollte ein zuverlässiges Schutzmittel wie „Autan" im Rucksack haben. Notfalls hilft es auch, sich mit verschiedenen Kräutern, die man unterwegs findet, die freien Hautstellen einzureiben. Dazu gehören vor allem Bärwurz und Beifuß. Bremsen reagieren auf dunkle, Gnitzen auf gelbe Farbtöne, Kleiderfarbe also entsprechend berücksichtigen!

Jahreszeit für Vennwanderungen

Die beste Jahreszeit oder den besten Monat gibt es nicht. Jede Jahreszeit hat ihre Reize, das Frühjahr voller Blüten und Vogelstimmen ebenso wie der November mit Nebel oder der Dezember mit Regen und Schneeschauern. Hauptsache, die Kleidung stimmt. Einschränkungen in den Wandermöglichkeiten kann es jedoch wegen Vogelbrutzeiten oder der Jagd geben. Auskünfte darüber beim Centre Nature in Botrange, dem Haus Ternell und dem Informationsbüro des Naturschutzgebietes in Botrange (siehe „Auskunftsstellen").

Karten

Es gibt zwar im Hohen Venn kilometerlange Holzstege, doch wenige Wegweiser und -markierungen. Eine gute Karte ist daher unerläßlich, um sich zurechtzufinden. Empfehlenswert ist die Karte „Hohes Venn", herausgegeben vom Nationalgeographischen Institut Belgiens. Die Karte hat den Maßstab 1:25 000. Sie ist zuverlässig, hat jedoch den Nachteil, daß sie die Randgebiete des Hohen Venns nicht erfaßt. Besser ist da die von den Amis de la Fagne herausgegebene Carte Touristique du Plateau de Haute Fagne in vier Blättern im Maßstab 1:20 000. Beide Karten enthalten allerdings keine Eintragungen über die Grenzen der verschiedenen Schutzzonen.

Rote Fahnen

Wenn die roten Fahnen an den Zugängen zum Hohen Venn wehen, ist jegliches Betreten verboten. Die Fahnen künden besondere Brandgefahr, die speziell im April und Mai, manchmal auch im Spätsommer gegeben ist. Wer sich vor Antritt einer Vennwanderung informieren will, ob die Zugänge frei sind, kann dies unter einer der folgenden Telefonnummern bei den zuständigen Forstämtern erfragen:
Dolhain, Telefon 0032/87/222533;

Eupen, Telefon 0032/87/552114;
Walhorn, Telefon 0032/87/659313;
Malmédy, Telefon 0032/80/777577;
Elsenborn, Telefon 0032/80/446688.

Unterkunft

Unterkunftsmöglichkeiten im Bereich des Hohen Venns, vor allem an
seinen Rändern gibt es genug, doch vor allem auf deutscher Seite kann
es im Sommer schwierig werden, da man sich hier in einem ausgespro-
chenen Fremdenverkehrgebiet befindet. Hilfreiche Auskunft gibt da
die Monschau Touristik, siehe oben. Wer in angenehmer Umgebung
völlig ruhig wohnen will, sollte sich das bereits unter dem Stichwort
„Einkehr" genannte Hotel Perlenau in Monschau merken. Ebenfalls das
Hotel-Garni „Aquarium", Heidgen 34, 52156 Monschau, Telefon
02742/1693 ist eine gute Adresse für ruhiges, angenehmes Wohnen.
Näher am Hohen Venn ist man im Hotel Hirsch, Monschauer Str. 7,
Kalterherberg, 52156 Monschau, Telefon 02742/2283.

In Belgien ist wiederum zunächst die Baraque-Michel zu nennen (siehe Kapitel „Einkehr"). Sie ist das einzige Gasthaus mit Übernachtungs-
möglichkeit mitten im Venn und daher entsprechend beliebt. Das Haus
eignet sich besonders als Standort für einen mehrtätigen Aufenthalt im
Hohen Venn.

Außer den genannten Fremdenverkehrsämtern von Eupen, Malmédy
und Spa gibt es Auskünfte und Hilfe bei Unterkunftsfragen im belgischen Hohen Venn über Syndicat d'Initiative, 17, Village, B – 4898
Robertville, Telefon 0032/80/446475 oder beim Verkehrsamt der Ostkantone, Mühlenbachstr. 2, B – 4780 St. Vith, Telefon 0032/80/227664.

Verpflegung

Da es im Naturschutzgebiet des Hohen Venns mit Ausnahme der Baraque-Michel und einer kleinen Caféteria in Botrange sowie dem Restaurant Mont Rigi keine Einkehrmöglichkeiten gibt, ist bei Vennwanderungen Rucksackverpflegung angesagt.

Verkehrsverbindungen

Öffentliche Verkehrsverbindungen im Hohen Venn sind miserabel, gleich ob in Belgien oder in Deutschland. Ganz besonders schlecht sind sie am Sonntag. Zwischen der deutschen und der belgischen Seite des Hohen Venns gibt es mit Ausnahme der Vennbahn (siehe dort) keine Verkehrsverbindungen (mehr).

Wer heute im Hohen Venn wandern will, muß – so wenig umweltbewußt das auch klingen mag – mit eigenem Wagen ankommen. Für eine Rundwanderung wird dieser beim Ausgangspunkt abgestellt, der ja dann auch wieder Endpunkt ist. Für Streckenwanderungen bleibt nichts anderes übrig, als sich mit Gleichgesinnten zu verabreden und einen Wagen (oder entsprechend viele) am Endpunkt der Wanderung abzustellen. Das ist zwar umständlich, umweltbelastend, aber im Zeichen ständig sinkenden Services im öffentlichen Personennahverkehr nicht zu umgehen.

Wintersport

Wenn genügend Schnee liegt, reizt natürlich das Plateau des Hohen Venns zum Skilanglauf. Doch im Naturschutzgebiet ist das grundsätzlich verboten. Die scharfen Kanten der Ski wirken auf Pflanzen, die aus dem Schnee herausragen, wie Messer. Außerdem wirkt sich der durch die Skispuren verdichtete Schnee ungünstig auf den Boden und damit auf die empfindliche Vegetation aus.

Es werden allerdings außerhalb des Naturschutzgebietes im Winter Loipen für Langläufer gespurt. Langlaufski und -schuhe kann man an verschiedenen Orten, vor allem auf der Botrange ausleihen. Die Benützung der Loipen ist allerdings gebührenpflichtig!

Zehn Vorschläge für Wanderungen im Hohen Venn

Die nachfolgenden Wandervorschläge für Rund- oder Streckenwanderungen sollen und können hier nicht detailliert beschrieben werden. Anhand der kurz skizzierten Vorschläge und einer der vorstehend genannten Wanderkarten läßt sich jede der hier genannten Wanderungen nachvollziehen. Zu beachten ist, daß einige Wanderungen C-Zonen-Gebiete berühren und daher nur in Begleitung eines autorisierten Führers gemacht werden dürfen.

1. Pingoweg, etwa zwei Stunden.

Der wohl schönste Weg für jeden, der es bequem haben möchte und in kurzer Zeit einen nachhaltigen Eindruck vom Hohen Venn erhalten will. Ausgangs- und Endpunkt der Wanderung ist der Parkplatz Nahtsief, der erste Parkplatz auf der rechten Seite hinter der Grenze an der von Mützenich nach Eupen führenden Straße. Wer mit dem Bus anreist, kann von Monschau-Postamt bis Mützenich-Zoll fahren und muß dann etwa zwei Kilometer auf der Landstraße in Richtung Eupen gehen bis zum Beginn der Wanderung.

Der Einstieg ins Venn befindet sich gegenüber dem Parkplatz auf der anderen Straßenseite. Dort beginnt bei einem Gatter, das bei Betretungsverbot (rote Fahnen) geschlossen ist, der im weiten Bogen durch das Königliche Torfmoor des Brackvenns führende Holzsteg. Gleich zu Beginn passiert man einen großen, wassergefüllten Pingo, in dem schöne Bestände von Torfmoos, Wollgras und Sonnentau zu sehen sind. Vor allem nach rechts sieht man über das weite Hochmoor. Mehrmals kommt man an Abzweigungen vorbei, bei denen ebenfalls Holzstege abgehen. Man muß sich jedoch immer auf dem Hauptweg halten, der insgesamt einen nach rechts verlaufenden Kreis beschreibt. Die erste Abzweigung führt nach links zu einem Forstweg, der einerseits zurück zur Straße (siehe Weg Nr. 2), andererseits rechts zum Hilltal führt (siehe Weg 8-10). Kurz nach dieser Abzweigung geht es etwas abwärts (Vorsicht, die Holzplanken können bei Nässe rutschig sein), dann sieht man links neben dem Weg einen Torfaufschluß. Hin und wieder wird hier von der Forstverwaltung der Torf neu angestochen, so daß man den Aufbau des Torfes vor allem mit den fasrigen Wollgrasresten gut sehen kann. Achtung: das Moorloch vor dem Torfstich ist sehr tief!

Der Weg führt weiter und erreicht den Eupener Graben (siehe Kapitel „Spuren der Geschichte"), schwenkt dort scharf rechts und führt auf den jenseits der Straße stehenden Feuerwachturm zu. Kurz bevor er die Straße erreicht, geht es wieder scharf rechts und parallel zur Straße zum Ausgangspunkt zurück.

2. Königliches Torfmoor – Entenpfuhl – Kaiser Karls Bettstatt, drei bis vier Stunden.

Ausgangspunkt ist der Parkplatz am ehemaligen Zollamt Monschau-Mützenich, wo auch die Bushaltestelle ist. Zunächst geht es etwa einen Kilometer auf der Landstraße Richtung Eupen bis zum ersten Parkplatz auf der linken Seite. Dort folgt man dem hier beginnenden Forstweg in den Wald hinein. Bald hat man dann auf der rechten Seite das Königliche Torfmoor, an dem man entlang wandert. Dem Fichtenwald auf der linken Seite sieht man an, daß er auf ehemaligem Moorboden angepflanzt wurde.

Nach etwa zwei Kilometern führen rechts des Weges ein paar Stufen die Böschung zum Moor hinauf. Hier beginnt der Holzbohlenweg, der nach einiger Zeit auf den oben unter Nr. 1 beschriebenen Pingoweg trifft.

Der weitere Verlauf der Wanderung entspricht zunächst der unter 1 beschriebenen bis zur Abzweigung vor dem Feuerwachturm. Hier muß man sich links halten, die Straße überqueren und gleich in den links vom Turm beginnenden Weg einbiegen. Das ist ein unbefestigter, nach Regen oft sehr schlammiger Forstweg, der durch niedrigen Wald führt. Diesem Weg folgt man bis zum Ende, das heißt, bis er auf einen fast rechtwinklig von unten links nach oben rechts aufwärts führenden Waldschneisenweg trifft. Man wendet sich nach rechts, die Schneise verläuft sich zum Schluß in einen kleinen Pfad, der seinerseits durch einen schmalen Waldstreifen hinausführt vor offenes Vennland. Vor diesem Vennland wendet man sich nach links und geht auf eine alsbald sichtbar werdende Hütte zu, die leider keine Einkehrmöglichkeit bietet, sondern nur eine Geräte- und Materialhütte der Forstverwaltung ist. Vor der Hütte wendet man sich nach rechts, geht bergab und erreicht bei der Getz, die überquert wird, den Entenpfuhl (siehe Kapitel „Natur zum Anfassen").

Von hier aus führt der Weg schnurgerade zwischen Wald links und Vennland rechts bergan. Erst unmittelbar an der Grenze schwenkt er nach links und erreicht den Quarzitblock Kaiser Karls Bettstatt (siehe Kapitel „Natur zum Anfassen"). Hier stehen Ruhebänke und eine kleine, offene Unterstandshütte des Naturparks Nordeifel. An dieser Hütte wandert man vorbei nach rechts, auf die Häuser von Mützenich zu, die im Hintergrund sichtbar werden. Dann nimmt man den ersten Weg rechts, der durch Wald zurückführt zum Zollamt Mützenich.

3. Auf dem Naturlehrpfad durch das Poleurvenn, ein bis zwei Stunden.

Die Länge dieser Rundwanderung richtet sich danach, ob man den drei Kilometer oder den fünf Kilometer langen Rundweg nimmt.

Ausgangpunkt ist Mont Rigi an der Straße Eupen–Malmédy. Gleich rechts neben dem Restaurant beginnt der Naturlehrpfad, der zunächst an der wissenschaftlichen Station der Universität Lüttich vorbeiführt. Neben den Meßgeräten für Niederschläge und Luftverschmutzung sieht man auch ein Beispiel für die sogenannte Schiffelwirtschaft, eine alte, landwirtschaftlich ausgerichtete Waldnutzungsart. Dabei wurden nach dem Abholzen des Niederwaldes Äste und Wurzeln und der Bodenbewuchs verbrannt. Mit der so anfallenden Asche düngte man den Boden für die folgende Getreidebestellung, vor allem mit Roggen.

Im weiteren Verlauf dieses Lehrpfades wird die Entstehung von Trockenheide ebenso gezeigt wie ein als Überrest im Fichtenwald erhalten gebliebener Erlenwaldrest, Heidemoore und Niedermoore sowie die Entstehung des Poleurbaches. Er kommt aus diesem 54 Hektar großen Naturschutzgebiet und fließt durch das Bèleutal zur Hoegne. Die Wanderung durch dieses Tal auf der rechten Seite abwärts und auf der linken wieder aufwärts, macht die fünf Kilometer lange Variante des Weges aus. Sie ist dank der landschaftlichen Schönheit dieses kleinen Tales außerordentlich lohnend.

Man kann die Wanderung durch das Poleurvenn auch in Baraque-Michel beginnen und beenden. Dadurch verlängert sich die Wanderung um insgesamt zwei Kilometer, der Weg von und nach Baraque-Michel ist entsprechend ausgeschildert.

Kiefern im Noir Flohay

4. Baraque-Michel – Hilltal – Mont Rigi – Baraque-Michel, etwa vier Stunden.

Diese Wanderung führt, ohne die C-Zone zu berühren und damit einen Guide Nature zu benötigen, so weit wie möglich in die großartig weite Landschaft des Hochmoores zwischen den Venngebieten von Deux-Series und Wallonischem Venn. Vom Parkplatz Baraque-Michel (gegenüber dem Hause) wandert man ins Venn hinein und erreicht nach etwa 700 Metern über einen eigens gebauten kleinen Schwenk aus Holzstegen das im Frühsommer von Wollgras eingerahmte Priorskreuz (siehe Kapitel „Spuren der Geschichte"). Rundum ist eine ausgeprägte sehr nasse Torfmoorlandschaft.

Zurück auf den Hauptweg kommt man alsbald zu einer Abzweigung, der man nach links folgt und am Rande des als C-Zone sonst nicht zugänglichen Venns von Deux-Series geführt wird. Es ist weites, von Pfeifengrasflächen und Moortümpeln geprägtes, hin und wieder von einzelnen Fichten, Birken, Ebereschen oder Weiden durchsetztes Land. Wo der Weg scharf nach rechts geführt wird, kann man geradeaus noch eine einstige Waldschneise ahnen, der die zugehörigen Waldbestände 1911 und 1942 weggebrannt sind. Sie führt zu der markanten Kieferngruppe von Noir Flohay. Linkerhand des Weges verläuft im Boden die einstige Römerstraße Via Mansuerisca (siehe Kapitel „Spuren der Geschichte").

Der Weg erreicht schließlich die Hill, die überquert wird, ehe er ihr dann auf dem rechten Ufer talwärts folgt. Zunächst führt er zu den „Drei Steinen" (siehe Kapitel „Spuren der Geschichte"). Ein Stück weiter hillabwärts bei einer weiteren Holzbrücke biegt man nach rechts auf den hier wieder beginnenden Holzsteg ab, der nun auf ein Waldstück zuführt. Wegweiser zeigen den Weg nach Mont Rigi. Dort wird die Straße überquert, man biegt auf den Naturlehrpfad Poleurvenn ein (siehe oben Nr. 3) und folgt der Wegweisung nach Baraque-Michel zurück.

5. Grand Fagne und Venn von Deux-Series, vier bis fünf Stunden. C-Zonen-Gebiet, nur mit Guide Nature zugänglich.

Eine landschaftlich höchst eindrucksvolle Wanderung durch ein Gebiet, das auch vor Einführung der C-Zonenbeschränkung nicht so sehr überlaufen war wie etwa das Hilltal oder das Wallonische Venn.

Die Wanderung beginnt an der Baraque-Michel, man folgt dem Weg an der Kapelle Fischbach vorbei in Richtung Vekée, biegt dann jedoch alsbald nach rechts in die C-Zone ein. Hier folgt man dem Weg am Rande des weiten, ungemein schönen Grande Fagne weitgehend parallel zu der ein wenig weiter östlich verlaufenden Landstraße von Baraque-Michel nach Belle Croix. Man kommt nahe der Straße an dem Gedenkstein vorbei, der 1957 anläßlich der Gründung des ersten Naturschutzgebietes errichtet wurde, und erreicht kurz darauf die Panhaussäule (siehe Kapitel „Spuren der Geschichte").

Wenige hundert Meter weiter muß die Straße überquert werden, der Weg zieht dann durch das weite Vennland von Deux-Serie am Brochepierre vorbei, einer Reihe von Quarzitfelsen, die aus dem Boden ragen, auf den „Geisterwald" von Noir Flohay zu. Das Gelände ist dort stellenweise sehr naß, bietet zumal im Frühsommer schöne Wollgrasbestände und später reiches Vorkommen der Ährenlilien. Auch viel Siebenstern gibt es hier.

Der Weg führt dann außerhalb der C-Zone auf den Geitzbusch zu, wo man streckenweise durch fast mannshohe Bestände von Adlerfarn wandert, und erreicht die Hill. An ihr aufwärts geht es schließlich an den „Drei Steinen" vorbei zur Fontaine Perigny, einer kleinen, von Holzstämmen eingefaßten Quelle, der sogenannten Hillquelle. Hier pflegten früher, vor der Zeit der Holzstege, die Vennwanderer am Ende einer Tour die schmutzigen Stiefel zu säubern. Von hier oben hat man den vielleicht schönsten und umfassendsten Ausblick, den es überhaupt über das Hohe Venn gibt. Auf dem letzten Stück des Weges passiert man rechterhand das Priorskreuz und kommt schließlich wieder auf dem Parkplatz gegenüber der Baraque-Michel aus.

6. Vekée – Kreuz der Verlobten – Poleurbach – Baraque-Michel, drei bis vier Stunden

Ausgangspunkt ist wieder Baraque-Michel, von wo aus es an der Kapelle Fischbach vorbei immer schnurgeradeaus geht. Zunächst hat man rechts das zur C-Zone gehörende Grande Fagne, linkerhand das letztlich dazugehörende Fagne von Herbofaye (siehe Kapitel „Vennstücke"). Nach knapp zwei Kilometern erreicht man das links des Weges neben einem BP-Stein stehende Kreuz der Verlobten (siehe Kapitel „Spuren der Geschichte"). Während der weiterhin geradeaus führende Weg der Vekée weiter folgt, dem alten Grenzweg zwischen Lüttich und Stavelot-Malmédy, biegt unser Wanderweg gleich hinter dem Kreuz nach links ab und führt zwischen Waldrand auf der linken und walddurchsetztem Vennland auf der rechten Seite zunächst zum Herbofayebach, auch Bach von Baraque genannt, einem Zufluß zum Poleurbach. Weiter geht es auf dem alten Weg Jalhay–Xhoffraix zum Poleurbach. Von der Brücke aus, die man hier erreicht, folgt man dem gut ausgebauten und beschilderten Weg bachaufwärts, dem Naturlehrpfad (siehe Weg Nr. 3) und schließlich den Wegweisern zurück nach Baraque-Michel.

7. Ternell – Kutenhardt – Reinartzhof – Getzbach – Ternell, fünf bis sechs Stunden.

Eine weitgezogene, aber nicht anstrengende, abwechslungsreiche Wanderung, die sowohl offenes Hochmoor, Waldpartien wie auch schöne Täler berührt.

Ausgangspunkt ist Haus Ternell an der Straße Monschau – Eupen. Gegenüber der Naturkundlichen Bildungsstätte folgt man der Forststraße, nach etwa 600 Metern, bei der ersten Kreuzung mit Waldschneisen hält man sich halb rechts, dann wieder rechts und erreicht die Getz. Ihr entlang wandert man bis zur alten Fuhrt Gethevaerde an der Grenze zwischen Allgemeinem Venn und Venn von Kutenhardt. Hier beginnt der Weg durch das Venn von Kutenhardt. Dieses große Vennstück wird in voller Breite durchquert bis in seine äußerste nordöstliche Spitze. Hier erreicht man den nach Reinartzhof führenden Weg. Nach wenigen Minuten kommt man an die Stelle, an der jahrhundertelang die so bedeutende Siedlung gestanden hat und wo heute nur noch die kleine Kapelle „Unsere liebe Frau von Reinartzhof" an den alten Reinart erinnert.

112

Endlose Holzstege führen durch das Venn.

Von Reinartzhof wendet man sich westlich und folgt dem in Richtung Vennkreuz führenden Weg bis zum Eschbach. Dieser wird nicht überquert, sondern man wendet sich nach links und wandert eschbachaufwärts am Raerener Stoel entlang, bis man wieder das Venn von Kutenhardt erreicht. Sein äußerstes, nordwestliches Teilstück Puwervelt wird durchquert, dabei kommt man an den Nahtsiefbach. An ihm entlang abwärts geht es nun bis zur Getz, der man etwa 300 Meter abwärts folgt auf dem linken Ufer und dann einen schmalen Pfad wenige Meter die Böschung hinaufsteigt. Dort erreicht man den geradeaus nach Ternell zurückführenden Forstweg.

8. Eupen – Hilltal – Baraque-Michel, ganztägig.

Diese Wanderung ist eine der wenigen, großen Vennwanderungen, die man mit einer Busrückfahrt zum Ausgangspunkt verbinden kann. Die Wanderung von Eupen aus hillaufwärts zu machen empfiehlt sich deshalb, weil das Landschaftserlebnis dabei durch das allmähliche Hinaufwandern auf das Hochplateau eindrucksvoller ist.

Die Wanderung beginnt in Eupen an der Weserbrücke beim Zusammenfluß von Weser und Hill. Man folgt zunächst der Hill aufwärts durch die Randsiedlungen von Eupen, dann in den Wald hinein, an der Schwarzen Brücke passiert man den Zufluß Soor in die Hill, von wo aus der Wald noch enger an den Fluß heranrückt. Man kommt vorbei am Hillreservoir, einem kleinen Stausee, von dem aus Hillwasser durch einen Stollen zur Wesertalsperre geleitet wird. Oberhalb des orographisch gesehen auf der linken Seite zufließenden Grasbeekbaches wird das Tal ein wenig weiter, verengt sich dann aber wieder zum Schluchtwaldtal, das mitunter regelrechte Urwaldzüge annimmt. Man durchwandert vor allem Mischwaldbestände. Stellenweise ist der Weg sehr naß. Verschiedene Bäche kommen von rechts und links der Hill zu, von rechts der kleine Hohlsippebach, von links der Schornsteinbach, dann wieder rechts Ternellbach, Raalbach und Spohrbach. Dann passiert man auf der linken Seite den großen Bongard, dem gegenüber der Miesbach einmündet. Nun lockert der Wald allmählich auf, stellenweise geht es durch lichten Birkenwald, dann wieder über trockene Partien. Streckenweise ist vor allem im Fichtenwald der Weg sehr naß. Diese Wanderung sollte man daher auf jeden Fall nur mit Gummistiefeln machen.

Beim Rakesprée (siehe „Spuren der Geschichte") erreicht man auf der rechten Seite der Hill das weite Wallonische Venn. Auch wenn der Weg nun gelegentlich noch durch nasse Waldstücke führt, beherrscht zunehmend das offene Hochmoorland das Bild. Bei den „Drei Steinen" ist endgültig die offene Moorlandschaft erreicht, durch die nun das letzte Stück des Weges an der Fontaine Périgny und dem Priorskreuz vorbei nach Baraque-Michel führt.

Die folgenden beiden Wanderungen sind Zwei-Tagestouren, bei denen man eine Übernachtung in Baraque-Michel einplanen muß, die man allerdings sehr zeitig im voraus bestellen sollte.

9. Mützenich – Hilltal – Baraque-Michel – Walloni sches Venn – Clefayvenn – Schwarzbachtal – Kalterherberg.

Diese Wanderung verläuft am zweiten Tag im Clefayvenn durch C-Zonen-Gebiet und kann daher nur mit Guide Nature unternommen werden.

Ausgangs- und Endpunkt der Wanderung ist Monschau, von wo aus man mit dem Bus nach Mützenich und wohin man am zweiten Tag mit dem Bus von Kalterherberg zurückkehren kann. Ist man mit einer größeren Gruppe unterwegs und hat mehrere Wagen zur Verfügung, kann man natürlich auch einen oder mehrere Wagen am Bahnhof Kalterherberg abstellen. Dadurch ist man bei der Rückkehr nicht an die sehr ungünstigen Busfahrpläne gebunden.

Vom Zollamt Mützenich geht man zunächst wie in Tour 2 bis zu der Stelle, wo der Holzsteg ins Königliche Torfmoor abzweigt. Hier wandert man aber auf dem Forstweg weiter geradeaus, später in einigen Kehren durch Laubwald abwärts, bei einer Wegegabelung an der Spohrbachbrücke weiter geradeaus an einem Wildzaun entlang. Am Ende dieses Zaunes geht es auf schmalem Pfad hinab an den Spohrbach und durch die urwaldartige Landschaft des Spohrbachtales bis an die Hill. Die Hill muß durchwatet werden, auf dem jenseitigen, dem linken Ufer erreicht man den Weg, der von Eupen heraufkommt und der bereits bei der vorhergehenden Tour Nr. 8 beschrieben worden ist.

Am nächsten Tag muß man zunächst von Baraque-Michel aus zurück an die Hill bis zur Fontaine Périgny. Von hier aus geht es am Westrande des Wallonischen Venns entlang mit faszinierendem Ausblick auf die offene Hochmoorlandschaft zur Baumgruppe der „Vier Buchen", dann hinab an die Große Rur. Jenseits kommt man bald in das schöne Venn von Clefay, wo man seit Jahren bemüht ist, durch Ansamung entstandenen Fichtenbewuchs zu entfernen, um dem Venn wieder ganz das Bild der weiten Hochmoorlandschaft zurückzugeben.

Am Ende des Clefayvenns geht es rechts hinab zum Schwarzbach und dann durch das Schwarzbachtal abwärts bis zu dessen Einmündung in die Rur in Küchelscheid. Jenseits der Rur auf deutschem Gebiet beim Bahnhof Kalterherberg stehen entweder die dort hingeschafften Autos, oder man muß noch den Berg hinaufsteigen bis zur Kalterherberger Kirche, wo man die Bushaltestelle erreicht.

10. Mützenich – Hilltal – Baraque-Michel – Vekée – Venn von Setay und Fraineu – Trôs-Marets – Malmédy.

Eine Zwei-Tagestour, die eine gründliche logistische Vorbereitung erfordert, um sicherzustellen, daß man vom Ende der Wanderung, Malmédy, zurückkommt an den Ausgangspunkt nach Monschau. Bis Baraque-Michel kann man von Malmédy aus mit dem Bus fahren.

Von Monschau-Mützenich verläuft der erste Tag der Wanderung wie oben unter Nummer 9 beschrieben.

Am zweiten Tag wandert man von Baraque-Michel wie in Tour 6 beschrieben bis zum Kreuz der Verlobten und weiter bis zum Poleurbach. Der Poleurbach wird überquert, jenseits folgt man der in Windungen aufwärts führenden Forststraße, bis man die zweite, den Weg rechtwinklig kreuzende Waldschneise erreicht. In sie biegt man nach rechts ab und kommt alsbald in den äußersten nördlichen Winkel des Venns von Setay. Auf schmalem Pfad wird dieses schöne große Hochmoorstück durchquert, man kann auch an seinem nordwestlichen Rande entlanggehen und dann am Ende, auf einen alten Forstweg gekommen, sich südlich halten. So erreicht man den Trôs Marets-Bach. Jenseits der Brücke führt ein Weg am Bach entlang talabwärts, der dann alsbald in die großartigsten Waldschluchten hineinführt, die es im Bereich des Hohen Venns zu sehen und zu erleben gibt. Kurz vor der Einmündung des Baches in die Warche endet der Weg auf einem Parkplatz am Rande der von Mont Rigi herabkommenden und nach Malmédy führenden Straße. Entweder hat man hierher den oder die Wagen für die Rückfahrt dirigiert, oder man wandert weiter auf der Straße nach Bevercé und Malmédy und organisiert von dort die Rückfahrt. Man kann aber auch links die Straße aufwärts gehen einige hundert Meter bis zum Hotel-Restaurant Trôs-Marets, von wo man sich abholen lassen kann. Um sich zwischenzeitlich dort von einer exzellenten Küche verwöhnen zu lassen.

Meyer & Meyer • Der Fachverlag

Regionalia

Bousack - Aachener Stadtführer
Bousack - Heiße Quellen
Bousack - Radfahren 1
Bousack - Radfahren 2
Bousack - Radfahren Heinsberg
Bousack - Radfahren Nordeifel
Christl. Jüd. Gesellschaft - Und
wir waren noch so jung
Christl. Jüd. Gesellschaft -
Vierzig Jahre christl.-jüd.
Zusammenarbeit in Aachen

Dräger - Kurzwandern 1
Dräger - Kurzwandern 2
Dräger - Kurzwandern Heinsberg
Dräger - Wandern in der
Nordeifel/Hohes Venn
Fehl - Wasser und Dampf
Geurten - Fisematäntche
Guthausen - Sagen und Legenden 1
Guthausen - Sagen und Legenden 2
Guthausen - Sagen und Legenden 3
Hausmann - Aachen Residenz
der Karolinger
Hausmann - Aachen zur Zeit der
Römer
Hausmann - Kreis, Quadrat und
Oktogon
Herrmann - Aachener Straßen 1
Herrmann - Aachener Straßen 2
Herrmann - Aachener Straßen 3
Hilgers - Die Eifel
Kittelberger - Lebkuchen
Kittelberger - Printenbuch

Küsters - Der Zweite Weltkrieg
zwischen Maas und Rur
Lerho - Aachener Originale
Lerho - Alte Aachener Bauten
Lerho - Tore und Türme
Marenberg - Die Rur
Mätschke - Stolberger Wande-
rungen 1
Mätschke - Stolberger Wande-
rungen 2
Purpar - Euregio Maas-Rhein
Purpar - Os Oche
Queck - Wanderungen durch Eifel
und Maasland 1
Queck - Wanderungen durch Eifel
und Maasland 2
Queck - Wanderungen durch Eifel
und Maasland 3
Ramjoie - Euregio à la Carte
Rombach - Ein Leben für das
Grenzland
Rouette - Aachener Textil-Ge-
schichte
Siemons - Off Limits
Siemons - Zwischen den Schlag-
bäumen - Wilhelm Rombach
Schnuer - Automobilbau
Schulz - Aachener Karlspreis
Schulz - Aachener Spaziergänge1
Schulz - Aachener Spaziergänge2
Setzen - Aachener Printen-
brevier
Siemes - Rheinische Lieder
Stettner - Tierpark
Wendt - Monschau
Zintzen - Hebscheider Hof

Theater-spiel

1 Protokolle 1
2 Protokolle 2
3 Ein kreativer Versuch
4 Theater Selbermachen
5 Maskenbilden und
  Schminken
6 Spielideen
7 Praxis für das Bewegungs-
  theater
8 Das Spielleiterhandbuch
9 Seniorentheater
10 Theaterpraxis
11 Fechten in der Darstellen-
   den Kunst
12 Die ganzheitliche Schau-
   spielpraxis
13 Kindertheater - Von der
   Spielidee zur Aufführung
NEMO - Spaß an Pantomime

Haverkamp

Bücher
Dat mach ich
Anton Hinlegen - Nur kein
Ärger

CDs
Hinlegen live
Hüsch und Haverkamp
Nur liegen ist schöner
Dat mach ich
! Au Banan
Anton Hinlegen - die 2te

MCs
Anton Hinlegen - die 2te

Reisen

Irmen - Weltreise
Kubisch - Aquitanien
Purpar - Niederrhein
Purpar - Nordeifel
Setzen - Lappland
Wendt - Ardennen
Wendt - Hohes Venn
Wendt - Südeifel
Wendt - Trentino

Meyer & Meyer
Der Fachverlag
Von-Coels-Straße 390 · D-52080 Aachen · Tel. 02 41/55 60 33-35 · Fax 02 41/55 82 81